www.tredition.de

„Wir können den Wind nicht ändern, aber die Segel
anders setzen"

Aristoteles

Dietmar Betz

Mission Manneskraft

Wieviel Spiritualität braucht der Mann?

© 2020 Dr: Dietmar Betz

Autor: Dietmar Betz
Umschlaggestaltung, Illustration: tredition Gmbh Hamburg

Verlag: tredition GmbH, Hamburg, Halenreie 40-44, 22359 Hamburg

ISBN: 978-3-347-15840-5

Bibliografische Information der Deutschen Nationalbibliothek:
Die Deutsche Nationalbibliothek verzeichnet diese Publikation in der Deutschen Nationalbibliografie; detaillierte bibliografische Daten sind im Internet über http://dnb.d-nb.de abrufbar.

Inhaltsverzeichnis

Vorwort

Warum dieses Buch?

Als Urologe mit einem Schwerpunkt in der Andrologie (Männerheilkunde) habe ich nahezu täglich mit Männern zu tun, die ein unbefriedigendes Sexualleben beklagen.

Nicht immer wird diese Tatsache von den Männern als Grund ihres Arztbesuchs angeführt, doch wenn durch gezieltes Fragen ein Raum für ein Gespräch zu diesem Thema geöffnet wird, reagieren die Meisten mit Interesse und berichten von eigenen Erfahrungen und Wünschen nach Verbesserung oder Veränderung des Sexuallebens.

Hier zeigt sich dann die Vielschichtigkeit dieses offenbar weit verbreiteten Dilemmas.

Glücklicherweise hält die moderne Medizin viele Lösungsmöglichkeiten für die betroffenen Männer und deren Partnerinnen bereit, doch nicht für jeden Mann genügt das Handwerkszeug der Mediziner, um das Übel an der Wurzel zu packen.

Häufig finden sich gar nicht erst herkömmlich behandelbare Zustände, sondern eine Ursache für die gestörte Sexualität kann zunächst nicht ausgemacht werden.

Nun stehen die Männer sprichwörtlich orientierungslos im Regen, denn es wird zwar ärztlich bescheinigt, dass keine organische oder schwere psychologische Störung vorliegt, doch eine Lösung des Problems kann nicht in Aussicht gestellt werden.

Hier setzt dieses Buch an.

Um dem immer dringlicher formulierten Anspruch der Patienten an eine ganzheitliche Behandlung ihrer Beschwerden gerecht zu werden, sollen hier gewissermaßen Kompass und Regenschirm verfügbar gemacht werden.

Die Sexualität steht dabei bespielhaft und stellvertretend für das Experiment einer ganzheitlichen Annäherung an das Thema Gesundheit.

Vermeintliche Randbezirke wie Mind-Body-Medizin und spirituelle Heilansätze sollen Gegenstand der Betrachtung sein.

Die angesprochenen Männer werden aufgerufen, mehr Eigenverantwortung zu übernehmen und im besten Falle fühlen sich Fachkollegen ermutigt, neue, zusätzliche Wege mit ihren Patienten zu gehen oder sie behutsam dorthin zu führen.

Um den gewünschten Blick über den Tellerrand hinaus zu ermöglichen, sollen Erkenntnisse aus verschiedenen wissenschaftlichen Disziplinen jenseits der Humanmedizin herangezogen werden.

Dieses Buch und die hier zu erwerbenden Erkenntnisse ersetzen jedoch keinesfalls den Arztbesuch, denn sexuelle Störungen können ein Frühsymptom einer schwerwiegenden Erkrankung sein!

Es geht mir vielmehr um einen Ansatz an jener Stelle, wo die klassische ärztliche Kunst nicht weiterkommt, obwohl dem Patienten noch nicht geholfen ist.

Für mich als Vollblutmediziner war dieser Weg anfänglich sperrig, da diese Konzepte nicht unbedingt stringent zu dem Gelernten und den Erklärungsstrategien in der Humanmedizin passen.

Mittlerweile sind meine persönlichen Erfahrungen und die wissenschaftlichen Erkenntnisse aus meiner Sicht überzeugend genug, um den Schritt zu wagen, diese Konzepte in individualisierte Behandlungspfade zu integrieren.

Einleitung

Wenn ich mit Männern über deren Sexualität spreche, kommt häufig ans Licht, dass es bisher an einer offenen, ehrlichen Auseinandersetzung mit dieser Thematik gemangelt hat.

Beim genaueren Hinschauen fehlt es daran aber nicht nur im Bereich der Sexualität, sondern auch in anderen Aspekten ihres Lebens.

„Stress" ist häufig ein Grund, warum sie sich keine Zeit dafür nehmen.

Dieser „Stress" ist in seiner Auswirkung vielfältig und nimmt erheblichen Einfluss auf die Gesundheit des Einzelnen und das Gesundheitswesen im Allgemeinen, das ist hinlänglich bekannt und verhält sich auch in der andrologischen Sprechstunde nicht anders (59).

Frage ich Männer, ob sie mit sich selbst in Kontakt stehen, ernte ich daher zunächst deren Unverständnis. Wie kann man sich der täglichen Körperhygiene widmen und dabei nicht mit sich selbst in Kontakt sein?

Doch gemeint ist etwas anderes.

Wenn wir dann gemeinsam gedanklich eine Ebene tiefer gehen und nach der Auseinandersetzung mit dem eigenen Seelenleben forschen, schwindet die Verständnislosigkeit.

Viele dieser Männer eröffnen mir in Gesprächen, dass sie sich hier einen Zusammenhang mit ihren Symptomen vorstellen könnten und eine Änderung durch eine Annäherung an ihre Wurzeln insgeheim auch wünschen.

Meistens fehlt ihnen das Rüstzeug um hier weiter zu forschen.

Viele hatten diese Form der Auseinandersetzung mit sich selbst bisher schlichtweg nicht auf dem Schirm.

Andere haben diesen Weg für sich bewusst abgelehnt.

Sei es, weil es hierzu erforderlich ist, sich jemandem gegenüber zu öffnen und dass eine solche Person des Vertrauens nicht existiert, oder, weil ihnen nicht klar ist, wie sie hierbei vorgehen sollen.

Manche berichten in diesem Zusammenhang auch von der Angst vor möglichen Konsequenzen, die aus einer Begegnung mit diesem Gefühl erwachsen können, sei es im Hinblick auf die eigene Partnerschaft oder das erweiterte Umfeld.

Eine Veränderung der bestehenden Lebenssituation fällt schwer. Viele Männer haben sich komfortabel eingerichtet in ihrem Leben.

Der Job, ein Hobby, vielleicht ein paar Kumpels, damit ist der Alltag ausgefüllt.

Dies zu ändern erfordert Motivation und einen starken Willen.

Auf welche Weise man sich auf die Suche nach einer Bindung zu sich selbst begibt und worin der Nutzen liegen kann, lernt man aber nicht in einem Volkshochschulkurs oder gar in der Schule.

Die Reise ist unbequem und viele Männer machen sich erst dann auf den Weg, wenn das Leben – meist durch eine Krisensituation- sie dazu zwingt.

Die Prägung eines gefühlten Scheiterns in der Krise ist vielfältig und nicht selten leidet dann eben auch die Sexualität.

Gelegentlich beklagen die Männer im Rahmen einer solchen Phase keine Störung der sexuellen Leistungsfähigkeit an sich, sondern einen Mangel an Lust auf sexuellen Austausch. Sie fühlen sich zur Sexualität verpflichtet, so dass eine befriedigende, lust- und hingebungsvolle sexuelle Zweisamkeit nicht gelebt werden kann.

Häufiger geht es jedoch um die Ausübung der Sexualität.

Hier bemerkt der Mann im sexuellen Miteinander in der Partnerschaft mangelnde Ausdauer. Er kommt viel zu früh zum Höhepunkt, so dass die Partnerin unbefriedigt zurückbleibt. In wieder anderen Fällen stellt sich eine ausreichende Erektion gar nicht erst ein und der sexuelle Akt kann nicht vollzogen werden.

Wie auch immer die Ausprägung geartet sein mag, auf Dauer resultiert eine Belastung für die Intimität der Partnerschaft.

Sexualität spielt in nahezu jeder Paarbeziehung eine zentrale Rolle und ist ein Gradmesser für die Zufriedenheit jedes Einzelnen in der Beziehung.

Aber auch die Qualität des Miteinander wird durch die gemeinsame Körperlichkeit entscheidend mitbestimmt. Eine befriedigende Sexualität hat Konsequenzen für die emotionale Verbundenheit, die der rein körperlichen folgend ebenso unbefriedigend gestaltet wird, was für viele Männer aber weniger greifbar bleibt als die körperliche Ebene.

So ist es verständlich, dass eine gestörte Sexualität in der Partnerschaft Unfrieden stiftet und, wenn das Problem nicht angegangen wird, mit zunehmender Dauer zu einer Gefahr für das Fortbestehen derselben werden kann.

Der Druck im Innenleben des Mannes steigt.

Er will unbedingt „liefern", startet jedoch jeden erneuten Versuch mit der Bürde der stattgehabten Niederlage.

In den Köpfen der Männer entwickelt das Problemszenario dann eine Eigendynamik.

Sie äußert ihre Unzufriedenheit.

Er muss etwas ändern.

Gelingt dies nicht, wird im schlimmsten Falle die Partnerschaft beendet und er bleibt allein zurück.

Nicht selten berichten Männer in diesem Szenario von Versagensängsten bis hin zu der Vorstellung, die Partnerin könne sich einem Anderen hingeben und einem damit verbundenen Gefühl von Kleinheit und Vernichtung.

Dann ist sie da, die bedrohliche Krise für den Mann.

Was im Anschluss an die Vorstellung in der urologischen oder andrologischen Sprechstunde folgt, sind aufwendige medizinische Untersuchungen, um körperliche

Leiden oder hormonelle Störungen als Ursachen für die vorgebrachte Problematik auszumachen.

Dieses Vorgehen ist richtig und wichtig, denn tatsächlich gelingt es immer wieder, eine organische Erkrankung als Grund für die beschriebenen Symptome auszumachen und zu behandeln.

Diese Leiden sind nicht trivial, es kann sich zum Beispiel bei einer Erektionsstörung gelegentlich um eine frühe Manifestation von schwerwiegenden Erkrankungen wie Multiple Sklerose, Diabetes Mellitus oder gar um ein erstes Anzeichen einer Gefäßerkrankung mit drohendem Herzinfarkt handeln.

Daher sollte am Anfang der Behandlungskaskade auch immer die Konsultation eines Arztes stehen und eine entsprechende Abklärung erfolgen.

In vielen Fällen allerdings stehen am Ende dieses Prozesses - gerade bei jüngeren Männern - nicht selten folgende zwei Botschaften:

Die erste lautet: „Sie sind gesund".

Sämtliche Untersuchungen sind in diesem Falle unauffällig geblieben und die Ergebnisse zeigen keinen –im medizinischen Sinne- positiven Befund, welcher eine Behandlungsmöglichkeit nach sich ziehen würde.

Die Männer werden sodann wieder aus der ärztlichen Obhut entlassen.

Die zweite Botschaft folgt implizit, sickert mit einiger zeitlicher Verzögerung in das Bewusstsein der Männer hinein und bedeutet: „Das Problem ist nicht gelöst".

Auch wenn die erste, gute Nachricht eine Weile positiv nachwirkt, hält das stärkende Gefühl der ärztlich bescheinigten männlichen Unversehrtheit nicht ewig vor.

Was quält, ist die dunkle Ahnung.

Spätestens beim nächsten Akt, der nicht befriedigend vollzogen werden kann, folgt eine weitere Niederlage.

Danach treibt die Angst vor dem neuerlichen Versagen die Männer häufig in ein Vermeidungsverhalten und das Beziehungsdilemma spitzt sich unweigerlich zu.

Hier nun will ich den Faden aufnehmen und zwei Disziplinen miteinander verflechten, die einander in der allgemeinen Wahrnehmung diametral gegenüber zu stehen scheinen: naturwissenschaftlich fundierte Erkenntnisse über den Körper des Mannes einerseits und die wissenschaftlich kaum fassbare Welt des Seelenlebens und der Spiritualität in Zusammenhang mit Heilung andererseits. Über den Einfluss dieser Verflechtung auf Beziehung, Sexualität und Gesundheit des Mannes versuche ich, das Portfolio der Möglichkeiten, ein gesundes und befriedigendes (Sexual)leben führen zu können, zu erweitern.

Spiritualität ist hier nicht zu verstehen als eine Glaubensrichtung im weitesten Sinne, sondern sie fasst vielmehr verschiedene Heilweisen zusammen, die seelische und energetische Konzepte zugrunde legen.

Vom dreibeinigen Hocker zum vierbeinigen Stuhl

Zum besseren Verständnis ist es hilfreich, zunächst die zur Verfügung stehenden Aspekte von Genesung grundsätzlich zu benennen.

Das mittlerweile antiquierte Modell des ärztlichen Halbgottes in Weiß, der für die Heilung einer Krankheit und die Gesundung der Patienten allein verantwortlich ist, wurde spätestens mit der Entdeckung der Placebowirkung infrage gestellt.

Als „Placeboeffekt" bezeichnet man positive Veränderungen des Gesundheitszustandes, die durch die Behandlung mit einer wirkstofffreien Substanz erzielt werden, also zum Beispiel mit einer Tablette, die zwar kein Medikament enthält, aber täuschend echt aussieht.

In Studien wurde nachgewiesen, dass die Behandlung eines Leidens mit einer ärztlich verordneten Tablette, die - ohne Wissen des Patienten - *keinen* Wirkstoff enthält, zu einer signifikanten Besserung des Leidens führt.

Hier wirken also weder ärztliche Kunst noch chemische Substanzen, sondern möglicherweise der Glaube des Patienten an die Genesung.

Neuere Ergebnisse aus der Hirnforschung zeigen, dass der Placeboeffekt tatsächlich verschiedene messbare Veränderungen im Gehirn nach sich zieht. Unter anderem konnte man einen Anstieg der als Glückshormon bezeichneten Substanz *Dopamin* im Gehirn nach Einnahme eines Medikamentes messen, selbst wenn die Tablette keinen Wirkstoff enthielt.

Mittlerweile hat dieser Effekt Einzug in die klinische Forschung gehalten, denn in der Prüfung der Wirksamkeit neu entwickelter Medikamente müssen diese unter Beweis stellen, dass sie potenter sind und somit besser wirken, als der Placeboeffekt alleine.

Doch nicht nur die Entdeckung des Placeboeffektes sorgte für eine veränderte Wahrnehmung der möglichen Faktoren, die für Heilung und Genesung wichtig sind.

Am 21. November 1986 rief die Weltgesundheitsorganisation zum aktiven Handeln für das Ziel „Gesundheit für Alle" auf und verabschiedete in Ottawa die Charta zur Gesundheitsförderung.

Erstmals wurde offiziell gefordert, „...allen Menschen ein höheres Maß an Selbstbestimmung über ihre Gesundheit zu ermöglichen und sie damit zur Stärkung ihrer Gesundheit zu befähigen". Spätestens hier wurde klar formuliert, dass die ärztliche Kunst nicht allein für die Genesung verantwortlich ist.

Herbert Benson, der in der Welt der Mediziner als Begründer der „Mind-Body Medizin" gehandelt wird, hat 1993 zur weiteren Erläuterung das Bild eines dreibeinigen Hockers bemüht, wobei jedes dieser drei Beine gleichsam eine Säule zur Gesundung darstellt.

Die erste dieser Säulen steht für alle medizinischen *Interventionen*, also Maßnahmen, die der Arzt am Patienten durchführt. Hierzu zählen Operationen genauso wie manuelle Therapie und psychotherapeutische Interventionen.

Die zweite Säule repräsentiert alles, was der Patient *vom Arzt verordnet* bekommt, also chemisch hergestellte Medikamente ebenso wie homöopathisch wirksame Substanzen.

Das dritte Bein des Hockers, welches zwingend erforderlich ist, um einen sichereren Stand zu gewähren, ist eben diese von der WHO neu definierte Säule, die den Patienten in Form einer aktiven und auf sich selbst bezogenen Selbsthilfe in den Zyklus der Gesundung mit einbezieht.

Im Hinblick auf dieses Buch kommt dieser Säule eine besondere Bedeutung zu.

Warum das wichtig ist, soll folgendes Beispiel verdeutlichen:

Im Jahre 2018 stellte sich ein Mann in meiner Sprechstunde vor und antwortete auf meine Frage, was ich für ihn tun könne, Folgendes:

„Meine Frau hatte gestern Kontakt zu meinen Genitalien und sie hat den Eindruck gewonnen, da sei etwas nicht in Ordnung. Vielleicht können Sie einmal nachsehen"-.

Das beeindruckende an dieser Aussage ist die Botschaft, die sich hinter seinem vorgebrachten Anliegen verbirgt: Der Patient delegiert die „Inspektion" seines Körpers an eine andere Person. Er spricht über seinen Genitalbereich als etwas fremd Anmutendes und vermittelt den Eindruck, unbeteiligt zu sein und dies auch bleiben zu wollen.

Möglicherweise steht dieser Mann also auf physischer Ebene nicht oder nur schambehaftet mit sich selbst in Kontakt. Sein Körper wird als etwas mit seiner Erlebnis- und Wahrnehmungswelt nicht Verbundenes angesehen, und er externalisiert mittels seiner Umschreibung nicht nur die Befähigung zur Hilfe oder Heilung, sondern auch die Ermächtigung zu beurteilen, ob alles in Ordnung sei.

Durch so eine Art der Formulierung wird deutlich, was mit *Selbstkompetenz* gemeint ist. Man kann sich nur selbst helfen, wenn man über genügend Körpergefühl verfügt, um eine Wahrnehmung körperlich harmonischer Zustände einerseits und physische Störgefühle andererseits zu ermöglichen.

Es macht also durchaus Sinn, die oben beschriebene Kompetenz zur Selbsthilfe und Selbstwahrnehmung zu fördern und so gewissermaßen das dritte Stuhlbein zu einer festen Säule heranwachsen zu lassen.

Ich möchte dieses Modell nun noch erweitern, um die Gesundheit am Beispiel der Sexualität des Mannes in Zukunft nicht auf einem unbequemen dreibeinigen Hocker, sondern gleichsam auf einem komfortablen vierbeinigen Sessel Platz nehmen zu lassen.

Dieses vierte Standbein nenne ich -zugegebenermaßen etwas aufgeblasen- „die spirituelle Säule der Salutogenese".

Hier geht es um eine Ebene der Betrachtung, in der wir die klassisch naturwissenschaftliche Erklärung der körperlichen und geistigen Gesundheit verlassen und eine andere Perspektive einnehmen.

Es geht im Weitesten um die spirituellen und energetischen Formen der Heilung.

Phänomene zur Erklärung dessen, was hier zur Genesung beiträgt, gibt es zahlreiche, die wissenschaftliche Beweisführung zur Wirksamkeit allerdings ist noch dünn.

Dennoch werde ich versuchen, die aus meiner Sicht sinnvolle Integration dieser vierten Säule in die moderne, ganzheitliche Betrachtung des Menschen - und im Besonderen des Mannes und dessen (sexueller) Gesundheit - zu erläutern.

Ich werde mich in diesem Buch nicht um die beiden erstgenannten Säulen kümmern, darüber ist hinlänglich geschrieben worden, und die Entwicklung schreitet ständig weiter voran. Es steht hierzu genügend Fachliteratur, die auch für medizinische Laien durchaus verständlich formuliert wurde, zur Verfügung.

Mein Augenmerk richte ich vielmehr auf die Säulen drei und vier, also auf die Eigenverantwortung des Patienten, zum Großteil verankert in der Mind-Body-Medizin, und die spirituelle Ebene der Medizin, die Männer für sich nutzbar machen können.

Aber Achtung! Zwei Dinge sind mir wichtig:

1. Dieses Buch ersetzt NICHT den Arztbesuch, der immer an erster Stelle erfolgen muss, denn sexuelle Störungen können ein Frühsymptom einer schwerwiegenden Erkrankung sein und dies sollte ernst genommen und medizinisch abgeklärt werden!

2. Der hier vorgestellte Weg erfordert die Bereitschaft, sich gedanklich auf etwas einzulassen, was zum Teil außerhalb des naturwissenschaftlich Fassbaren und somit jenseits unserer gesicherten Denkstrukturen beheimatet ist. Wir werden dabei auf Widerstände stoßen, die von Innen kommen und versuchen, uns zur Umkehr zu überreden. Diese gilt es zu überwinden, damit wir am Ende ernsthaft herausfinden können, ob es sich künftig lohnen kann, diesen neuen Weg zu beschreiten oder nicht.

I Status quo

Sexualität des Mannes: Ein komplexes Unterfangen

Eine erfüllte Sexualität fördert und fordert zugleich eine ausgewogene Balance zwischen psychischen, sozialen und körperlichen Aspekten des Seins.

Bei genauerer Betrachtung erschließt sich dadurch deren ganzheitliche Bedeutung im Hinblick auf die allgemeine Gesundheit.

Tatsächlich belegen verschiedene Studien den positiven Effekt von regelmäßiger sexueller Aktivität auf die psychische Befindlichkeit (insbesondere die Linderung depressiver Symptome), die Gesundheit des Herz-Kreislauf-Systems sowie die Qualität der Paarbeziehung (24, 35).

Die Weltgesundheitsorganisation definiert den Aspekt sexueller Gesundheit ebenfalls in diesem Sinne als „Integration der körperlichen, gefühlsmäßigen, geistigen und sozialen Aspekte sexuellen Seins auf eine Weise, die positiv bereichert und die Persönlichkeit, die Kommunikation und die Liebe stärkt".

Also, Männer und Frauen, es gibt kein gutes Argument, das gegen regelmäßige sexuelle Aktivität spricht!

Klingt gut und überzeugend, aber leider funktioniert das nicht immer so, wie es sollte. Die Sexualität des Mannes ist eben ein komplexes Geschehen (jenes der Frauen übrigens auch), welches störanfällig ist.

Um zu verstehen, wo wir zur Heilung ansetzen können, müssen wir einige Aspekte des Geschehens sezieren, um an den jeweiligen Kern zu gelangen.

Wie immer Bedarf es zum besseren Verständnis einiger Grundlagen, die ich kurz benennen möchte. Auch hier gilt das in der Einleitung Gesagte: Weiterführende Literatur steht ausreichend zur Verfügung.

Ich beschränke mich in diesem Text auf das für den weiteren Kontext Wesentliche, frei nach dem Motto: So viel wie nötig, so wenig wie möglich.

Erektion, Orgasmus und Ejakulation

Diese drei Pfeiler stehen im Erleben der Sexualität des Mannes im Mittelpunkt, doch sie sind störanfällig.

In diesem Zusammenhang rückt das *Gehirn als Sexualorgan des Mannes* mehr und mehr in den Fokus wissenschaftlicher Betrachtungen.

Leonardo da Vinci, der bereits vor über 500 Jahren während seiner umfangreichen Forschungen an männlichen Leichen und an Tieren erkannt hatte, dass sich der Penis bei einer Erektion mit Blut und nicht wie bis dahin angenommen, mit Luft füllt, beschrieb damals wahrscheinlich noch unwissentlich schon das bis heute bestehende Dilemma mit der Erektion.

Da Vinci notierte hierzu: „Der Penis gehorcht keinesfalls dem Willen seines Herrn. Der möchte ihn willentlich aufrichten oder schrumpfen lassen. Doch wenn sein Herr schläft, stellt sich der Penis von selbst auf."

Da Vinci leitete daraus ab, dass das männliche Glied wohl einen eigenen Willen haben müsse.

Hier lag er mit seiner Annahme zwar falsch, aber auch heute gilt wie damals: willentlich und jederzeit aufrichten lässt sich der Penis - sehr zum Leidwesen der Männer - nicht.

Das Vorgehen ist, wie man heute wissenschaftlich gut erklären kann, deutlich komplexer und von vielen Faktoren abhängig.

Um eine **Erektion** zu erzielen, ist ein multimodaler biochemischer Vorgang im Körper notwendig. Ebenso wichtig ist die Muskulatur in den Schwellkörpern des Penis.

Eine entscheidende übergeordnete Rolle spielen dabei tatsächlich das zentrale Nervensystem und das Gehirn des Mannes.

Die Steuerungen von Erektion, Ejakulation und Orgasmus finden sich im Wesentlichen in zwei Arealen, die dem Gehirn zuzuordnen sind und die wir im folgenden Kapitel noch kennen lernen werden, nämlich im *limbischen System* und im *Hypothalamus*.

Hier kommt es durch entsprechende Stimulationen, die über den Tastsinn, Gerüche, aber auch durch Vorstellungen vor dem inneren Auge (Kopfkino), vermittelt werden, zur Ausschüttung von bestimmten Botenstoffen ins Blut, die dann durch den Körper transportiert werden und so am Penis eine Erektion hemmen oder auslösen können.

Ein zweiter, wichtiger Player in diesem Zusammenhang ist das *vegetative Nervensystem*. Auch hierzu folgen einige Erklärungen im nächsten Abschnitt.

Ein bestimmter Anteil dieses Nervengeflechtes, namentlich die Äste des *sympathischen Nervensystems* (kurz: *Sympathikus*), sorgt dafür, dass der Penis ohne Erregung schlaff bleibt.

Hierfür wird mithilfe des Sympathikus die Blutzufuhr in die Schwellkörper des Penis *aktiv* eingeschränkt, damit er nicht anschwillt.

Kommt es nun jedoch zu einem Reiz, etwa durch den Anblick des entkleideten potentiellen Geschlechtspartners, durch anregende Gerüche oder durch eine direkte körperliche Stimulation, werden *erregende Schaltwege* aktiviert.

Ein wesentlicher dieser Pfade wird repräsentiert durch den *parasympathischen* Zweig (kurz: *Parasympathikus*) des vegetativen Nervensystems, der hier wie in vielen anderen Bereichen des Lebens vereinfacht als Gegenspieler des Sympathikus angesehen werden kann.

Durch die Erregung werden, wie bereits erwähnt, Botenstoffe in die Blutbahn freigesetzt. Diese, auch als *Neurotransmitter* bezeichneten Stoffe, wirken selbst direkt oder indirekt über das vegetative Nervensystem und bewirken nun, dass es in den Penisarterien zu einer Erschlaffung der Muskulatur kommt.

Ein bekanntes Phänomen ist die parasympathisch vermittelte Freisetzung von Stickstoffmonoxid (NO), die die glatte

Muskulatur in den Blutgefäßen erschlaffen lässt. Diesen Mechanismus haben sich die Hersteller der einschlägig bekannten Potenzmittel zunutze gemacht.

Durch diese Entspannung weiten sich die Blutgefäße und es kann über die Arterien vermehrt Blut in den Penis, genauer genommen, in die einzelnen Blutkammern der Schwellkörper des Penis, einfließen.

Diese Kammern dehnen sich jetzt infolge der Füllung mit Blut aus, was wiederum zu einem Zusammendrücken der den Kammern unmittelbar benachbarten Venen führt, da der Druck in den Blutkammern stärker ist als der in den Venen.

Normalerweise fließt das Blut welches in die Schwellkörper einströmt, über die Venen wieder ab, was aber nun durch den erhöhten Druck in den Blutkammern der Schwellkörper verhindert wird.

Es fließt also kein Blut mehr ab, aber es strömt weiterhin Blut in den Penis ein, und zwar solange, bis die Kammern prall gefüllt sind.

Somit kommt es zu einer Erektion.

Aber auch außerhalb des Penis finden durch die Erektion Veränderungen statt.

Berührungsrezeptoren im Genitalbereich übermitteln bei einer Erregung Reize über das Rückenmark bis hinauf zum Gehirn.

So wird durch das männliche Glied auch Einfluss auf die übergeordneten Zentren genommen.

Der hier vorgestellte Mechanismus, der zu einer Erektion führt, ist nicht der einzige. Es gibt weitere Phänomene, wie etwa reflektorische Erektionen, die in der Entstehung anders ablaufen, auf die hier jedoch nicht weiter eingegangen werden soll.

Auch bei der Steuerung der **Sexualreflexe** spielen unterschiedliche Areale in Gehirn und Rückenmark eine Rolle.

Der **Orgasmus,** ein wesentlicher Sexualreflex, äußert sich unwillkürlich und reflektorisch in rhythmischen, willkürlichen, nicht zu beeinflussenden Muskelkontraktionen, die beim Mann zur Ejakulation führen.

Die Vorgänge im Gehirn während dieses sexuellen Höhepunktes lassen sich mit einem Feuerwerk vergleichen. Die hierfür erforderliche neuronale Aktivität hat ihren Ursprung in Regionen des *Hypothalamus* und der *Amygdala*. Die neuronalen Entladungen können so heftig sein, dass es zu Übersprungreaktionen zwischen benachbarten Hirnarealen kommt. Paradoxe sexuelle Reaktionen, die etwa bei Schmerz- oder Angsterlebnissen auftreten können, lassen sich hiermit erklären.

Während der gesamten Luststeigerung bis hin zum Höhepunkt ist die Aktivität des *präfrontalen Cortex* im *Großhirn* als wertende Substanz deutlich gesenkt. Über den präfrontalen Cortex erfahren wir später mehr.

Ebenso sind wir in dieser Phase deutlich weniger schmerzempfindlich. Es werden daher oftmals Reize als stimulierend empfunden, die außerhalb der sexuellen Aktivität als unangenehm oder gar schmerzhaft empfunden oder moralisch abgelehnt würden.

Hiermit kann man erklären, warum bestimmte Praktiken trotz eines potenziellen Schmerzreizes als lustvoll empfunden werden können. Ebenso können Moralvorstellungen während sexueller Erregung erheblich abweichen von denen, die im nicht erregten Zustand für das jeweilige Individuum gelten.

Die **Ejakulation**

Der Samenerguss findet in zwei kurz aufeinanderfolgenden Abschnitten statt. Zunächst kommt es zur *Emission*. Hierunter verstehen wir die Bereitstellung der Samenflüssigkeit, die aus der Prostata und den Samenblasen zur Verfügung gestellt wird.

Die Flüssigkeit wird im hinteren Bereich der männlichen Harnröhre deponiert. Der dadurch vermittelte Dehnungsreiz der Harnröhre leitet reflektorisch den zweiten Abschnitt dieses Vorgangs ein, die eigentliche *Ejakulation*, bei der das Sperma durch rhythmische Kontraktionen der Beckenbodenmuskulatur aus der Harnröhre herausgeschleudert wird.

Die neurologischen Zentren für die Emission und die Ejakulation befinden sich auf unterschiedlicher Höhe des Rückenmarks in der Wirbelsäule, die übergeordneten Steuerungszentren befinden sich wiederum im Gehirn, nämlich im *limbischen System*.

Auch die Ejakulation ist ein Vorgang der reflektorisch eingeleitet wird und somit also nicht unserer Kontrolle unterliegt.

Der Moment, an dem der Mann die Unvermeidbarkeit des unmittelbar bevorstehenden Samenergusses wahrnimmt, stellt sich ein, wenn durch die Positionierung der ersten Spermaflüssigkeit während der *Emission* die Harnröhre so sehr gedehnt wird, dass der Ejakulationsreflex ausgelöst wird. Diesen Moment nehmen wir Männer als den „point of no return" wahr. Jetzt kann der Erguss nicht mehr hinausgezögert oder gar vermieden werden.

Kommt es zum Orgasmus, nimmt anschließend die Erregung rasch ab und das sympathische Nervensystem reduziert seinerseits zentral gesteuert den Blutstrom, wodurch die oben beschriebenen Mechanismen und Druckverhältnisse in den Schwellkörpern sich umkehren und dadurch die Erektion wieder abnimmt.

Es kommt in den übergeordneten Arealen im Gehirn zur totalen Entspannung und wir Männer sind für eine Weile nicht erregbar, die *Refraktärphase* beginnt. Diese Phase beschreibt die zeitliche Dauer bis zur nächst möglichen Erregbarkeit. Bei Männern tritt diese Phase unmittelbar nach dem Orgasmus ein, bei Frauen nicht. Sie bleiben auch nach dem Orgasmus noch erregbar.

Der Informationsaustausch zwischen Penis und dem zentralen Nervensystem (ZNS) findet während des gesamten Vorganges dauerhaft statt und ist, wie wir gesehen haben, nicht unidirektional.

Es werden Informationen vom Penis ins Gehirn und auch in umgekehrter Richtung vom Gehirn zum männlichen Glied geschickt.

Ein besonderes Phänomen stellt die nächtliche Erektion dar.

Viele – nicht alle- Männer bemerken regelmäßig spontane Erektionen, die nachts ohne äußere Reize auftreten.

Während der REM-Phasen (rapid eye movements) im Schlaf werden bestimmte sympathische, erektionshemmende Aktivitäten abgeschaltet, und es kommt so zu Erektionen, bei denen eine Stimulation fehlen kann.

Der Vollständigkeit halber sei erwähnt, dass sich noch weitere Erektionszentren im Rückenmark befinden. Sie liegen im Brust- und im Sakralmark, das dem Kreuzbein zugeordnet wird, wachstumsbedingt aber in der Wirbelsäule etwas höher sitzt.

Durch die Existenz dieser Erektionszentren erklärt man sich, warum Männer, die eine höhere Querschnittslähmung erlitten haben, bei denen also die Verbindung zum Gehirn durchtrennt wurde, weiterhin Erektionen bekommen können.

Störungen der männlichen Sexualität

Es versteht sich von selbst, dass ich in diesem Buch nicht alle Störungen der männlichen Sexualität abhandeln kann.

Mir ist wichtig, die häufigsten kurz zu benennen und in den für dieses Buch erforderlichen Zusammenhang zu der behandelten Thematik zu stellen.

Von Bedeutung ist die allgemeine Erektionsstörung, die auch als *Erektile Dysfunktion* bezeichnet wird.

Zu dieser Störung zählen sowohl der komplette Erektionsverlust als auch eine abgeschwächte Erektion, bei der der Penis entweder zwar hart genug wird, um zu penetrieren, aber vorzeitig erschlafft oder aber keine ausreichende Härte für den Geschlechtsakt erreicht.

Schon seit der Veröffentlichung der ersten großen aussagekräftigen epidemiologischen Studie von Feldmann 1994, die als „Massachusetts Male Aging Study" veröffentlicht wurde, wissen wir, dass die erektile Dysfunktion insgesamt in der männlichen Bevölkerung sehr häufig vorkommt (20).

In dieser Studie gaben 52% der in den USA befragten Männer im Alter von 40−70 Jahren an, unter einer Störung der Erektion zu leiden.

Die Erkenntnisse aus dieser Studie wiesen darauf hin, dass eine erektile Dysfunktion gehäuft auftrat, wenn andere Erkrankungen wie Diabetes, Bluthochdruck, Koronare Herzkrankheit oder eine bestimmte Fettstoffwechselstörung vorlagen.

Die Ergebnisse zeigten aber auch, dass Männer mit unterdrückter Konflikt-oder Stressverarbeitung eine höhere Wahrscheinlichkeit für eine erektile Dysfunktion aufwiesen als das Vergleichskollektiv.

Insgesamt ist die erektile Dysfunktion heute auf dem Vormarsch und hat in der westlichen Welt typische Zivilisationskrankheiten wie Diabetes Mellitus, Koronare Herzkrankheit, Bluthochdruck im Hinblick auf die Prävalenz längst eingeholt.

Die häufigste Sexualstörung des Mannes allerdings ist die *Ejakulatio Präcox*, der vorzeitige Samenerguss.

Man geht davon aus, dass bis zu 75 % aller Männer zumindest Episoden eines vorzeitigen Samengusses durchmachen (51).

30 - 40 % aller Männer leiden unter einer relativ beständigen Form dieser Sexualstörung.

Die schwerste Form dieser Störung wird als *Ejakulatio ante portas* bezeichnet und beschreibt bildlich den Umstand, dass die Ejakulation des Mannes stattfindet, noch bevor eine Penetration in die Vagina vollzogen ist.

Darüber hinaus unterscheiden wir hiervon die Ejakulation während der Penetration sowie die Ejakulation innerhalb von fünf Minuten nach Penetration.

Im Gegensatz zur erektilen Dysfunktion gibt es bei dieser Störung der männlichen Sexualität kaum Hinweise auf einen Zusammenhang mit anderen organischen Erkrankungen.

Vielmehr wird die Ursache dieser Störung auf der psychischen Ebene gesehen.

Bereits im Jahre 1992 veröffentlichten Lawrence und Madakashira im International Journal of Psychiatry eine Literaturübersicht zu diesem Thema und legten psychodynamische Konzepte zur Erklärung dieser Störung vor (43).

Sie beschrieben ursächlich folgende mögliche Umstände:

-Die Männer haben in ihrer Kindheit in einer Umgebung gelebt, in der Sexualität eher tabuisiert wurde.

-Als Personen sind die Betroffenen generell ängstlich.

-Der vorzeitige Samenerguss wird unterbewusst als Abwehrmechanismus bei einer sexuell dominierenden Partnerin entwickelt.

-Männer haben eine angstbesetzte, negative Konditionierung zum Samenerguss, da sie Sex in Situationen haben, wo sie die Sorge entwickeln, entdeckt zu werden, zum Beispiel beim Sex mit Prostituierten.

-Versagensängste beim „ersten Mal" oder bei einer neuen Partnerschaft zählen ebenfalls zu den anerkannten Ursachen dieser Störung.

Eine weitere Störung, die in der andrologischen Sprechstunde vorgetragen wird, ist der Mangel an Lust auf sexuelle Aktivität, der *Libidomangel.*

Etwa 15 % der Männer im Alter zwischen 20 und 60 beklagen dieses Phänomen.

Bei den Frauen bekunden etwa 30 % diese Störung in der gleichen Altersklasse. Damit ist diese Störung bei Frauen die häufigste Sexualstörung überhaupt.

Ursächlich kommen bei Männern neben hormonellen und psychischen Störungen auch verschiedene organische Er-krankungen und Begleiterscheinungen infrage, die ich hier nicht weiter ausführen möchte.

Seltener sind **Orgasmusstörungen**.

Diese werden häufig in der Form vorgetragen, dass der Mann eine veränderte, abgeschwächte Wahrnehmung des Orgasmusgefühls beklagt.

Eine reine Anorgasmie, also die Unfähigkeit, bei voller Gesundheit ohne Erkrankungen oder Voroperationen einen Orgasmus zu bekommen, stellt eine Seltenheit dar und hat nach Auffassung der Sexualwissenschaftler psychische Ursachen, wobei die Anzahl der Patienten so gering ist, dass eine klare und verlässliche psychodynamische Erklärung nicht gegeben werden kann.

Ganzheitliche Aspekte von Sexualstörungen

Es ist hinlänglich bekannt, dass eine erektile Dysfunktion auf eine künftige Herzkrankheit hinweisen kann. Ein Team von Wissenschaftlern in Baltimore hat über 4 Jahre knapp 1800 Männer im Alter zwischen 60 und 78 Jahren begleitet, um dieser Frage nachzugehen. Im Jahre 2018 wurden die Ergebnisse in der Fachzeitschrift „Circulation" veröffentlicht. Das Team um Dr. S.M. Uddin an der Johns Hopkins University School of Medicine fand bei Männern mit einer Erektionsstörung ein um den Faktor 2,5 erhöhtes Risiko für eine Herz-Kreislauf-Erkrankung. Selbst wenn man verfälschende Einflüsse wie Nikotinkonsum herausrechnete, blieb eine Erhöhung um den Faktor 1,9 gegenüber Männern ohne Probleme mit der Potenz (77).

Häufig liegt in solchen Fällen eine organische Ursache zugrunde. Die feinen Arterien im Körper verkalken nun mal ebenso im Penis wie im Herzen und die dadurch bedingte mangelnde Durchblutung führt somit einerseits zur Erektionsstörung und andererseits eben zur Herzerkrankung.

Interessanterweise gibt es jedoch auf dem Gebiet der sexuellen Dysfunktion auch Zusammenhänge, die nicht nur mit einer rein organischen Kausalkette zu erklären sind.

So sind zum Beispiel länger bestehende Sexualstörungen häufig von depressiven Verstimmungen begleitet. Das leuchtet irgendwie noch ein. Eine unbefriedigte Sexualität und eine gestörte Partnerschaft schlagen auf das Gemüt. Ursächlich kann also eine Herz-Kreislauf-Erkrankung die Erektion beeinträchtigen, was in der Folge zu Depressionen führt.

Die Kausalität funktioniert aber auch anders herum. Angenommen, wir sind gesund, aber die Sexualität stimmt nicht. Langsam stellen sich über die Zeit auch depressive Stimmungslagen und im schlimmsten Falle Angstzustände ein. Nachvollziehbar.

Offenbar führen Depressionen und Angst aber auch zu einem deutlich erhöhten Risiko, eine koronare Herzkrankheit zu erleiden. Das wiederum ist nicht so leicht vorstellbar, wissenschaftlich jedoch belegt.

Warum ist das so?

Depressionen gehen mit Veränderungen des Hormon- und Energiehaushaltes sowie des Immunsystems einher.

Diese Veränderungen sind messbar und insofern auch organisch begründbar, jedoch sind die Ursachen hierfür häufig nur mittelbar nachzuvollziehen. Das gilt insbesondere dann, wenn – wie jüngere Untersuchungen gezeigt haben - im Vorfeld eine chronische Aktivierung der Stresskaskade über eine vermehrte Ausschüttung des als Stresshormon bekannten Cortisol stattgefunden hat (55).

Der auslösende Stress ist nicht immer auf den ersten Blick klar identifizierbar und kann aus unterschiedlichen Quellen gespeist worden sein. Warum es in der Folge auch zu einer Störung der Erektion kommt, ist organisch nicht so klar nachvollziehbar, wie im oben genannten Beispiel der arteriellen Verkalkung und der dadurch verminderten Durchblutung unseres besten Stückes.

Es lässt sich also festhalten, dass die Beziehungen zwischen sexueller Dysfunktion, insbesondere der erektilen Dysfunktion einerseits und Herz-Kreislauf-Erkrankungen sowie Depressionen andererseits nicht unidirektional sind. Es gibt unumstößliche wissenschaftliche Beweise für einen Zusammenhang der drei Erkrankungen, wobei jede der drei Erkrankungen die jeweils anderen auslösen oder vorantreiben kann.

Allerdings liegt nicht in jedem Fall eine eindeutig nachvollziehbare Kausalkette vor.

Ebenso verhält es sich mit dem Zusammenhang von Sexualität und generalisierter Stimmungslage bei Männern.

Hier geht es nicht um körperliche Symptome sondern um intrapsychische Phänomene.

Diese Thematik wurde von einer amerikanischen Arbeitsgruppe untersucht. Nach deren Einschätzung sind die Interaktionen zwischen Sexualität und Stimmungslage komplex und in beide Richtungen möglich. So können depressive

Verstimmungen einerseits zum Rückzug und zur Aufgabe der sexuellen Aktivität führen.

Andererseits berichteten Männer von Sex als einem Mittel um tiefe depressive Verstimmungen zu beheben (4).

Ein weiterer Aspekt, der beleuchtet wurden, war eine gesteigerte Bereitschaft zu gefährlichem Sexualverhalten in Abhängigkeit von verschiedenen Stimmungszuständen. Je nach emotionalem Zustand zeigten die befragten Männer zum Beispiel eine erhöhte Bereitschaft, Risiken einzugehen, wie etwa auf ein Kondom zu verzichten, was sie zu einem späteren Zeitpunkt allerdings bereuten.

Nicht selten sehen wir auch Zusammenhänge von Stress, unbefriedigender Sexualität und chronischen Schmerzzuständen bei Männern, die häufig in der Beckenregion lokalisiert sind (47). Eine klare organische Störung allein ist hier selten für die Symptomatik verantwortlich.

Von diesen unklaren Symptomenkomplexen gibt es eine Fülle, die nicht alle aufgezählt werden können.

Spätestens jetzt sollte jedoch klar geworden sein, warum die WHO der Sexualität auf ganzheitlicher Ebene begegnet.

Die hier aufgeführten Störungen eröffnen bei genauerem Hinsehen und akribischer Ursachenforschung ein umfassendes Spektrum der Medizin.

Viele, zum Teil schwerwiegende somatische Erkrankungen verbergen sich hinter den vorgebrachten Symptomen.

Häufig ergeben sich auch Hinweise auf psychische Störungen. Nicht selten gehen beide Aspekte Hand in Hand, wobei nicht immer das gesamte Spektrum des Leidens unmittelbar sichtbar wird.

Somit sei es mir gestattet, an dieser Stelle nochmals auf den erforderlichen Arztbesuch zur weiteren Abklärung einer Sexualstörung hinzuweisen.

Allerdings gibt es für nicht wenige dieser Störungen der Sexualität keine etablierte Therapie, die langfristig zum Erfolg führt.

Die Vielschichtigkeit der möglichen Ursachen der dargelegten sexuellen Störungen zeigt, dass möglicherweise eine eindimensionale Betrachtung nicht zum Erfolg bei der Behandlung führt und dass das Problem so nicht gelöst werden kann.

Dann müssen wir andere Wege gehen und genau darum geht es in diesem Buch.

Wenn Männer der Botschaft ihrer Sexualstörungen folgen und bereit sind, darauf zu reagieren, werden sie feststellen, dass es um weit mehr geht als um das ursprüngliche Symptom.

Machen sie sich auf den Weg und folgen dem Pfad mit Mut und Entschlossenheit, können sie tatsächlich Veränderungen in ihrem Leben erwirken, die neben einer befriedigenden Sexualität für sich und ihre Partnerschaft ein ungeahntes Ausmaß an Lebensqualität und Lebenssinn mit sich bringen können.

Das Gehirn

Zum weiteren Verständnis müssen wir nun noch den bereits angekündigten Blick in das Gehirn werfen.

Auch hier weise ich darauf hin, dass ich mich bei der Betrachtung im Wesentlichen auf das beschränke, was im weiteren Verlauf an Wissen benötigt wird.

Einen Anspruch auf vollständige Darstellung aller relevanten Zusammenhänge erhebe ich hierbei nicht. Literaturhinweise für an intensiver Auseinandersetzung Interessierte finden sich im Internet oder können beim Verfasser erfragt werden.

Das emotionale ebenso wie das körperliche Sexualleben des Mannes wird von sehr vielen verschiedenen Regionen des Gehirns gesteuert.

Alle diese beteiligten Zentren stellen einander wechselseitig Informationen zur Verfügung und stehen somit im Austausch miteinander, gleich einem Netzwerk, über das in alle Richtungen Informationen empfangen, verarbeitet und weitergeleitet werden können.

Von besonderer Bedeutung hierfür ist das sogenannte „limbische System". Verschiedene Bereiche im Gehirn werden hier zu einem System zusammengefasst, das im Wesentlichen als der Ort verstanden wird, in dem das Unbewusste lokalisiert ist.

Limbisches System

Entwicklungsgeschichtlich wird die evolutionäre Entstehung dieses Areals der Zeit zugeordnet, in der sich der Entwicklungssprung vom Reptil zum Säugetier vollzog.

In dieser Zeit wurden die Lebens-und Bewegungsräume unserer Vorfahren größer, der Wunsch nach Entdeckung und Erforschung unbekannter Areale entwickelte sich und damit stellten sich auch emotionale Qualitäten wie Lust und Befriedigung ein, denn

wer einen angstbesetzten Schritt ins Neue wagt und besteht, kommt befriedigt und gestärkt aus dieser Situation heraus und will dieses Gefühl auch wieder erleben.

In diesem Kontext wird verständlich, dass dieses Gebiet (also das limbische System) nicht selten als das *„emotionale Gehirn"* bezeichnet wird.

Im Folgenden werde ich in Kurzform die wichtigsten Bestandteile dieses Systems und deren Funktion erläutern, auf die wir im weiteren Kontext gelegentlich noch zu sprechen kommen werden.

Amygdala

Zentrum der Angst.

Dieser in ihrer Ausdehnung eher kleinen Region (Amygdala wird mit „Mandel" oder „Mandelkern" übersetzt) wird eine wesentliche Bedeutung für die Steuerung und die Verarbeitung von Emotionen zugeschrieben.

Das Areal ist paarig angelegt und befindet sich im mittleren Teil des jeweiligen Stirnlappens (Temporallappen) im Großhirn.

Besondere Bedeutung hat die hier lokalisierte Regulation von Angst.

Wird die Amygdala aktiviert, resultiert daraus ein Anstieg der Intensität dieses Gefühls (66).

In diesem Zusammenhang wird der Amygdala ein wesentlicher Einfluss auf die Regulation von Stressverhalten zugeschrieben, da Stress und Angst häufig miteinander vergesellschaftet sind (67).

Die Amygdala ist also verantwortlich für die von einer angstbesetzten Situation ausgelösten Begleiterscheinungen wie Blutdruckveränderungen oder Anstieg der Herzfrequenz, die wir als Stress oder in Stress-Situationen wahrnehmen können.

Menschen, die eine Schädigung der Amygdala erlitten haben, wissen in einer Gefahrensituation zwar explizit, dass etwas Unangenehmes passiert, haben dabei aber keinen Blutdruckanstieg und auch keine Schweißausbrüche mehr.

Das Bewusstsein und die messbaren physischen Reaktionen stehen hier im Gegensatz zueinander.

Ebenso spielt die Amygdala eine zentrale Rolle bei der Speicherung von Ereignissen, die im emotionalen Gedächtnis verankert werden. Es handelt sich hierbei um Erinnerungen, die nicht nur eine Information beinhalten, sondern auch eine emotionale Reaktion hervorrufen. Einen unverletzt überstandenen Autounfall speichern wir nicht nur als Information ab, sondern verbinden damit auch ein Gefühl.

Durch den Einfluss der Amygdala können zwei verschiedene Komponenten des episodischen Gedächtnisses´ beeinflusst werden.

Die *Enkodierung,* also die Selektion aus der Fülle von Reizen, die auf uns einströmen, wird in diesem Bereich vorgenommen.

Die Annahme einer Information und die Aufmerksamkeit, die wir einer bestimmten Situation schenken, werden vom emotionalen Gehalt dieses Reizes gelenkt. Hier spielt die Amygdala eine wesentliche Rolle. Verschiedene neurobiologische Untersuchungen legen den Verdacht nahe, dass die emotionale Qualität eines Stimulus automatisch und ohne Einschalten des kognitiven Bewusstseins weiterverarbeitet wird, also gewissermaßen direkt und ohne Umweg über das denkende Bewusstsein gespeichert wird.

Gleichzeitig wird angenommen, dass die Amygdala an sehr früher Stelle des Verarbeitungsprozesses eines emotionalen Reizes Einfluss auf die Bereiche des Gehirns nimmt, die Aufmerksamkeits- und Wahrnehmungsprozesse regulieren. So konnte in Studien gezeigt werden, dass eine erhöhte Aktivität der Amygdala mit einer erhöhten Aktivität des visuellen Cortex (Sehzentrum) einhergeht (64).

Insofern nimmt die Amygdala Einfluss auf unser Bewusstsein. Wenn nämlich unsere Aufmerksamkeitskapazität eigentlich überfordert ist, stellt sie durch die automatische Verarbeitung eines Reizes sicher, dass dieser unsere volle Aufmerksamkeit erhält. Wenn wir in einer überfüllten Kneipe sitzen und uns bei dröhnender Musik mit unseren Kumpels unterhalten, sorgt die Amygdala dafür, dass wir die schöne Frau, die gerade hereinkommt, trotzdem wahrnehmen können.

Ebenso wird die *Konsolidierung*, also die Speicherung von Informationen, durch die Amygdala beeinflusst. Der Ort der eigentlichen Speicherung findet sich im *Hippocampus*, jedoch ist die Amygdala verantwortlich für die Modulation der Informationen, die dann als Erinnerung gespeichert und über einen langen Zeitraum bewusst abrufbar sind.

Studienergebnisse nach Untersuchungen von LaBar und Phelps (42), die Vergessenskurven von gesunden Probanden mit denen von Patienten mit geschädigter Amygdala verglichen, legen die Vermutung nahe, dass die *Kraft der emotionalen Ereignisse* deren Langzeiterinnerung bedingt.

Bemerkenswert ist hierbei, dass sich Amygdala und Bewusstsein gegenseitig beeinflussen können.

Einerseits kann die Amygdala durch die Modulation der Wahrnehmung, also gewissermaßen durch eine emotionale Beladung, die Eindringtiefe ins Bewusstsein beeinflussen.

Andererseits kann das Bewusstsein durch das erlernte „Wissen" um die Bedeutung eines emotionalen Reizes die Reaktion der Amygdala auf einen solchen Stimulus manipulieren.

Der Sinn dieses Mechanismus liegt in der Anpassung des hoch entwickelten Individuums Mensch an seine Umwelt. Dies kann sich günstig auswirken in Hinblick auf gefährliche Situationen, die sofort erinnert werden und dadurch vermieden werden können.

Es kann allerdings auch im Hinblick auf traumatische psychische Ereignisse angenommen werden, dass hier eine Begründung für die schwer zu behandelnde *posttraumatische Belastungsstörung* zu finden ist, zumindest finden sich unterschiedliche Reaktionsmuster auf Ebene der Amygdala bei Angst einerseits und sicherheitsorientiertem Erlernen von Gefahrensituationen andererseits.

Ebenso kommt diesen Erkenntnissen Bedeutung zu im Hinblick auf sich wiederholende Muster von Verhaltensweisen in Beziehungen und somit auch bei der Betrachtung sexueller Störungen, die ihren Kern in einer wie auch immer gearteten, subjektiv empfundenen traumatischen Belastung dieses Themas haben können. Ein Vermeidungsverhalten kann durch ein traumatisches Erlebnis, das durch den hier beschriebenen Mechanismus emotional beladen wurde, begründet sein.

Gyrus Cinguli

Filter, Gewissen und Kontrolle

Der Gyrus Cinguli wird in einen vorderen und einen hinteren Abschnitt unterteilt.

Der vordere Bereich dieser auch als „Gürtelwindung" bezeichneten Region steht mit emotionalen Funktionen im Zusammenhang und unterhält Verbindungen zur Amygdala und zum Hypothalamus.

Im hinteren Teil spielen sich eher kognitive, also im weitesten Sinne „gedankliche" Prozesse ab.

Die neuronalen Verbindungen zum präfrontalen Cortex sowie zu den visuellen und motorischen Verarbeitungszentren spiegeln diese kognitiven Aufgaben wider. Dieser Bereich ist verantwortlich für das Abrufen autobiografischer Erinnerungen und spielt eine Rolle bei der *intrinsischen kognitiven Kontrolle,* also der Entstehung unseres *Gewissens.*

Der hintere und der vordere Teil kommunizieren miteinander, aber auch mit anderen Bereichen des Gehirns.

Der Gyrus Cinguli filtert aus der Flut von Eindrücken die für uns relevanten Informationen in Bezug auf unsere Identität. Dadurch erhält dieses Areal eine wesentliche Bedeutung für die Selbstbeobachtung sowie die Wahrnehmung von seelischem Schmerz.

Gemeinsam mit anderen höher gelegenen Arealen (orbitofrontalem Cortex) wird dem Gyrus Cinguli die Berücksichtigung *langfristiger Konsequenzen des eigenen Handelns* zugeordnet, somit werden Informationen nicht nur gefiltert, sondern es werden Informationen und intendierte Handlungen auf Realitätsbezogenheit und Gewissenskonflikte geprüft.

Darüber hinaus besteht eine Kontrollfunktion über die eher impulsgesteuerten Bereiche von Amygdala und Hippocampus.

Hippocampus

Stresssensor

Der Hippocampus ist unserem Gedächtnissystem vorge-
schaltet. Hier wird entschieden, welche Erlebnisse im Langzeitgedächtnis gespeichert werden und welche im Kurzzeitgedächtnis verbleiben.

Es werden nach Prüfung durch den Hippocampus also In-
halte aus dem Kurzzeitgedächtnis ins Langzeitgedächtnis
übernommen, oder nicht. Schaffen sie es ins Langzeitgedächtnis, werden sie dort abgespeichert und stehen uns
dann auf Abruf zur Verfügung.

Der Hippocampus überprüft gewissermaßen neue Information auf den potenziellen Lustgewinn. Wenn eine Information „Spaß macht", wird diese gespeichert. Bereitet sie
Stress, wird die Information nicht gespeichert und eine Wie-
derholung vermieden. Je höher die emotionale Ladung eines
Ereignisses ist, desto wahrscheinlicher wird dieses gespeichert.

Diese Hirnregion ist jedoch nicht nur für die Gedächtnis-
speicherung verantwortlich, sondern sie steuert als zentraler
Teil des limbischen Systems auch unsere Affekte.

Emotionale Äußerungen wie Freude, Wut und Angst finden
hier ihre ursprünglichen Impulse.

Nicht nur die emotionale Äußerung alleine, sondern auch
die emotionale Bewertung eines Ereignisses findet hier in
Zusammenarbeit mit anderen Teilen des limbischen Systems statt.

Da der Hippocampus in enger Nachbarschaft zu unserem Riechhirn lokalisiert ist, können Ereignisse über alle Sinne vermittelt werden.

Im Hippocampus werden also auch Düfte und Gerüche, die mit Erinnerungen verknüpft und im Langzeitgedächtnis abgespeichert sind, positiv oder negativ bewertet.

Hypothalamus

Flucht oder Belohnung

Hier werden einerseits im Zusammenspiel mit anderen Bereichen im Hirnstamm (der etwas tiefer liegt) die lebensnotwendigen Körperfunktionen wie Atmung, Kreislaufsystem etc. gesteuert.

In dieser Funktion kann der Hypothalamus auch die in lebensbedrohlichen Situationen durchaus lebensnotwendige Kampf- oder Fluchtreaktion auslösen, in der der Körper alle Systeme sozusagen auf das Lebensnotwendige reduziert, um ein Maximum an Konzentration und Kraft für eine überlebenswichtige Reaktion zu mobilisieren. Auf diesen Reflex komme ich zu einem späteren Zeitpunkt noch einmal ausführlicher zu sprechen.

Andererseits ist diese Hirnregion verantwortlich für die Produktion von Botenstoffen, die Lust erzeugen und uns glückliche und euphorische Momente bescheren können.

Durch diese Fähigkeit kommt dem Hypothalamus im Kontext der Sexualität eine besondere Bedeutung zu.

Hier liegt gewissermaßen die Schaltstelle zwischen Hormonsystem und Nervensystem. Es kommt also zum Zusammenspiel von Gefühl (Lust) und neurologisch vermittelter körperlicher Reaktion (Erektion).

Im Hypothalamus selbst lokalisiert ist eine Region, die als *Area praeoptica medialis* bezeichnet wird. Neurowissenschaftler haben durch spezifische Stimulationen dieses Feldes gezielt Erektionen auslösen können. Man vermutet, dass hier Informationen aus vielen Hirnregionen zusammengefasst werden, die einen Einfluss auf die Erregbarkeit haben.

Ebenso relevant für die männliche Sexualität ist der im Hypothalamus gelegene *Nucleus paraventricularis*, der den Botenstoff *Oxytocin* ausschüttet. Dieses als Glückshormon bezeichnete Hormon löst bei Freisetzung im Gehirn offenbar das Gefühl von Liebe aus und fördert so zum Beispiel die Bindung eines Paares, daher wird dieses Hormon landläufig auch als Bindungshormon bezeichnet.

Beim Mann kommt es bei der Freisetzung von Oxytocin zusätzlich zu einer pro-erektilen Wirkung, indem der Botenstoff erregende Nervenbahnen aktiviert, die wiederum zum Penis laufen und dort eine Erektion einleiten.

Diese bis hierher der besseren Verständlichkeit halber oberflächlich und somit letztlich auch nur unzulänglich beschriebenen Funktionsweisen des Gehirns sollen im weiteren Verlauf dazu dienen, durch das vermittelte Verständnis wesentlicher Funktionen Theorien zu untermauern oder Wirkmechanismen zu erläutern.

Das limbische System

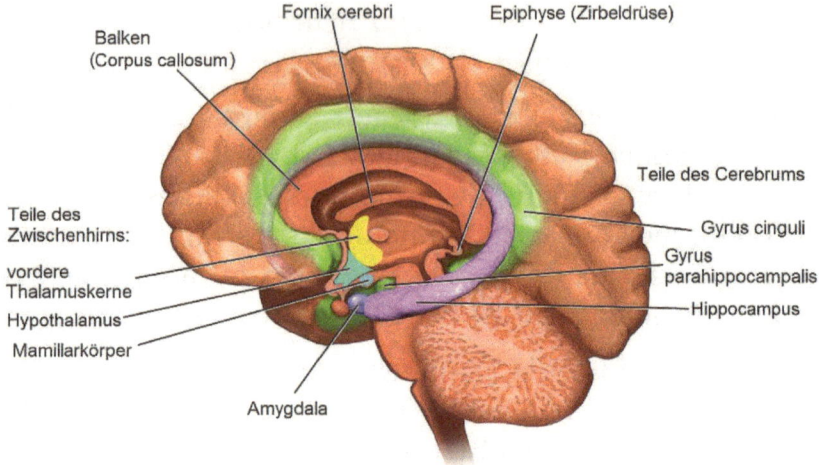

Fornix cerebri

Epiphyse (Zirbeldrüse)

Balken
(Corpus callosum)

Teile des Cerebrums

Teile des
Zwischenhirns:

Gyrus cinguli

vordere
Thalamuskerne

Gyrus
parahippocampalis

Hypothalamus

Hippocampus

Mamillarkörper

Amygdala

Abb1.: Limbisches System, Original

Quelle: Derivative work of file:Blausen_0614_LimbicSystem.png

Urheber: *Blausen.com staff (2014). "Medical gallery of Blausen Medical   2014". WikiJournal   of   Medicine 1 (2).* DOI:10.15347/wjm/2014.010. ISSN 2002-4436.

Derivative work by Geo-Science-International

Neurobiologische Aspekte von Emotionalität und Sexualität

Stressreaktionen

Wie oben bereits erwähnt, ist die Stressreaktion eine überlebenswichtige Funktion unseres Gehirns.

Eine zentrale Rolle spielt dabei das eben kennengelernte limbische System, insbesondere der Hypothalamus.

Wir spüren die Auswirkungen von Stress meist in den peripheren, also entfernt gelegenen Bereichen des Körpers, obwohl er zentralnervös vermittelt wird.

Klassische sicht- und spürbare Reaktionen sind Gesichtsröte, Schweißausbruch, Herzrasen und so weiter.

Ursprünglich dient diese vom Gehirn vermittelte Reaktion der unmittelbaren Umstellung aller Systeme auf das Wesentliche, Überlebensnotwendige. Dieser Mechanismus ist entwicklungsbiologisch alt und rührt aus Zeiten, in denen wir plötzlich und unerwartet einem Säbelzahntiger gegenüberstanden und es um das nackte Überleben ging.

Die unmittelbare Reaktion unseres Zentralnervensystems hilft uns, die körperlichen Funktionen auf das Wesentliche zu beschränken und sämtliche Energiereserven für die Flucht bereitzuhalten.

Die Herzfrequenz steigt, der Muskeltonus nimmt zu, die Aufmerksamkeit richtet sich auf die eine Herausforderung, die uns in eine lebensbedrohliche Lage bringt und uns zwingt, zu reagieren, um das Überleben zu sichern.

Die vermittelte Reaktion breitet sich im ganzen Körper aus und es folgt eine dynamische Anpassung aller Systeme auf eine „fight or flight"- Situation. Alle für das akute Überleben überflüssigen, langfristig angelegten Aktivitäten des Körpers, wie Fortpflanzung, Nahrungsaufnahme etc., werden eingestellt.

Bei dieser Reaktion kommt es auf unterschiedlichen Wegen zur Ausschüttung von zwei Stresshormonen.

- Über den Hypothalamus wird eine Reaktion ausgelöst, die letztlich zur Ausschüttung von *Cortisol* aus der Nebennierenrinde ins Blut führt. Cortisol ist für die Energiebereitstellung wichtig.
- Über das autonome Nervensystem kommt es zur Aktivierung des Sympathikus, hierdurch werden Nervenimpulse an das Nebennierenmark gesendet, die wiederum eine Ausschüttung des zweiten Stresshormons – *Adrenalin* - bewirken.
  Dieser Weg ist ebenfalls durch den Hypothalamus vermittelt. Er ist der schnellere und wirkt wesentlich auf das Kreislaufsystem und die Organfunktion ein. Wie wir oben bereits gesehen haben, ist der Sympathikus im Rahmen der Sexualität für das Erschlaffen des Penis verantwortlich.

Der Gegenspieler im autonomen Nervensystem ist die Achse des Parasympathikus. Bei Aktivierung desselben kommt es auf Kreislaufebene zur Entspannung.

Dieses System ist wichtig und gerät zunehmend in den Fokus ganzheitlicher Betrachtungen der Gesundheit, da Stress als eine Reaktion auf äußere Umstände in unserem System ursprünglich eigentlich nur für einen kurzen Zeitraum vorgesehen ist. Dafür ist unser Körper ausgestattet und wenn es rechtzeitig zur Entspannung kommt, resultieren keine Schäden.

Besteht diese Situation jedoch über einen längeren Zeitraum, wandelt sich dieser überlebenswichtige Modus in einen gesundheitsgefährdenden Zustand um, der weit über eine Erektionsstörung hinausgeht. Dennoch kommt dieser dauerhaften Stressaktivierung im Hinblick auf eine ganzheitliche Betrachtung männlicher Sexualität als Vertreter männlicher Gesundheit eine wesentliche Bedeutung zu.

Spiegelneurone

Die Eigenschaft der Menschen, miteinander auf emotionaler Ebene in Beziehung zu treten, ist eine wichtige Grundlage für Liebesbeziehungen und letztlich auch für die Sexualität.

Eine Besonderheit liegt hierbei in der Fähigkeit, sich emotional miteinander zu verbinden und dabei das gemeinsame

Handeln intentionslos, also gewissermaßen ohne nachzudenken, zu gestalten.

Gemeint ist so etwas wie Hingabe oder „sich fallen lassen".

Befinden wir uns in so einer Situation, lassen wir uns gewissermaßen von den Gefühlen lenken und folgen sozusagen augenblicklich unserer Intuition und den Schmetterlingen im Bauch. Wir schalten beim Zusammensein keine analytischen Gedankengänge ein, sondern lassen es einfach mal laufen.

Neurologisch ist hierfür erforderlich, dass der übliche Weg zur Verarbeitung von Eindrücken, nämlich von der Wahrnehmung über die anschließende Analyse bis zur Handlung, verkürzt wird, damit die emotionale Resonanz und die Handlung zeitlich zusammenfallen.

Diese Abkürzung bewerkstelligen die sogenannten *Spiegelneurone*.

Durch die Aktivierung derselben wird die eben genannte analytische Kaskade übersprungen. Dieser Weg wird allerdings nur dann aktiviert, wenn uns unser Gegenüber irgendwie wichtig ist und wir *wollen*, dass eine emotionale Resonanz entsteht.

Spiegelneurone verbinden verschiedene Hirnareale miteinander zu Schaltkreisen und überbrücken dadurch die üblichen Stationen zwischen erster Wahrnehmung und überlegter Handlung. Hierdurch erklärt man neurobiologisch nicht nur die oben beschriebenen instantanen Handlungsstränge, sondern auch die Fähigkeit des Menschen zur Empathie, also das unmittelbare Mitfühlen mit den Personen oder Lebewesen, die uns nah sind.

Diese Neuronen sind ein Resonanzsystem im menschlichen Gehirn, das bestimmte Emotionen des Gegenübers bei einem selbst auslösen kann. Dabei werden neuronale Impulse ausgesendet, die alleine vom Zusehen oder Zuhören aktiviert werden.

Das Ergebnis ist so, als ob man das Gesehene selbst erlebt oder ausgeübt hätte.

Doch der Verstand kann hierbei durchaus hinderlich sein, intuitiv das Richtige zu „spiegeln". Dann nehmen wir zwar das Gefühl des Anderen wahr, aber unser Verstand blockt die entsprechende Reaktion ab.

Neuroplastizität

In diesem Bereich der Neurowissenschaften geht es um die Persönlichkeitsentwicklung.

Sind wir so, wie wir sind, weil wir genetisch als die Person codiert wurden, die wir sind? Kommen wir also gewissermaßen mit einer fertigen, festgelegten Persönlichkeit auf die Welt?

Diese und ähnlich gerichtete Fragen – übrigens auch im Hinblick auf chronische Erkrankungen – werden durch immer weiter voranschreitende Erkenntnisse in der Humangenetik besser beantwortbar.

Erstaunlicherweise sind viel seltener die genetischen Determinanten allein für Erkrankungen und deren Ausbruch verantwortlich, als man hinlänglich annehmen könnte.

Wie sieht es aber mit dem Gerüst aus, das uns intellektuell und emotional als die Person auszeichnet, die wir sind?

Ist der Entwurf für den Bausatz unserer neurologischen, die Persönlichkeit determinierenden Strukturen und deren Vernetzung genetisch in Stein gemeißelt und muss dann nur noch aktiviert werden?

Nein.

Wir wissen heute, dass etwa 50 % des individuellen Genmaterials für die Strukturierung des jeweiligen Nervensystems zuständig sind, die andere Hälfte ist sozusagen nicht vorgegeben und somit nachträglich entwickelbar.

Es liegt also eine grundlegende Verdrahtung im neurologischen Sinne vor, bei Weitem jedoch kein unveränderbares und auch kein von Anfang an fertiggestelltes Gesamtkonstrukt.

Daraus ergibt sich folgerichtig die Tatsache, dass sich hier später einiges nachjustieren lässt, denn folgt man diesem Modell, ist grob die Hälfte der Struktur flexibel veränderbar und wird individuell entwickelt.

Das gilt auch für unsere Persönlichkeitsstruktur.

Die Entwicklung derselben beginnt wahrscheinlich schon mit ersten Erfahrungen im Mutterleib, ganz sicher aber in der frühesten Kindheit und im Jugendalter.

Hinlänglich wissenschaftlich belegt und gut nachvollziehbar ist dieser Effekt beim Lernen.

Egal ob wir unseren ersten Turm mit Bauklötzchen aufstellen, ein Musikinstrument lernen oder uns in einer neuen Sprache unterhalten wollen, zu Beginn stehen wir zunächst vor einer unbekannten, scheinbar unlösbaren Aufgabe, die dadurch Angst auslöst.

Wird uns allerdings eine Lösungsstrategie präsentiert, bauen wir die Angst vor der Aufgabe ab. Wir lösen uns in der Folge von der emotionalen Befangenheit und sind nun bereit, etwas zu lernen.

Schaffen wir es schließlich später, solch eine Aufgabe selbst zu lösen, werden Botenstoffe im Gehirn ausgeschüttet, die uns ein Glücksgefühl vermitteln, und das Ereignis wird –

wie oben gesehen - unter dem Kapitel „Lustgewinn" für die Zukunft erinnert.

Bei der nächsten Herausforderung machen wir uns dann in freudiger Erwartung auf eben dieses erhebende Gefühl an die Arbeit.

Hierbei werden, neurobiologisch gesprochen, ungewohnte Reize als Herausforderungen wahrgenommen, auf die der sich entwickelnde Mensch mit einem endogenen Belohnungssystem reagiert und nachweislich die sich entwickelnde Struktur des Gehirns beeinflusst.

Neurobiologisch und auch biochemisch handelt es sich bei diesem Ablauf um eine Form von Stresssituation, auf die eine Anpassungssituation folgt. Ein neuer, unbekannter Reiz bedeutet eine Herausforderung und Stress, eine entsprechende Hormonausschüttung folgt, die Aufmerksamkeit und die Fokussierung setzen ein.

Wird diese Aufgabe gemeistert, erfolgt eine endogene Belohnung, wiederum hormonvermittelt, und wir merken uns diese Situation.

Der Stress ist erledigt.

Das langfristige Ergebnis ist im besten Sinne die Fähigkeit, Probleme schnell zu erkennen und zu lösen.

In diesem Sinne kann das häufig negativ konnotierte Phänomen „Stress" durchaus positiv verstanden werden.

Gelingt diese Anpassung jedoch nicht, hat das negative Auswirkungen auf die Hirnentwicklung und das Erlernen von gesunden Anpassungsreaktionen (9).

Die beschriebenen Prozesse finden zwar vornehmlich in Zeiten des sich entwickelnden und heranreifenden Gehirns statt, aber hier kommt die gute Nachricht: Auch bei Erwachsenen und älteren Menschen findet sich ein ausgeprägtes Veränderungspotenzial im zentralen Nervensystem.

Es ist also sprichwörtlich nie zu spät, etwas Neues zu erlernen.

Ebenso kann die Persönlichkeitsstruktur auch in fortgeschrittenem Alter weiterhin beeinflusst werden (15).

Aber Achtung!

Das Gehirn tendiert in seiner auf sich selbst bezogenen Veränderung und Entwicklung offenbar zu einer gewissen Bequemlichkeit.

Haben wir bestimmte Lösungsstrategien regelmäßig erfolgreich angewendet, setzen wir diese gerne immer wieder ein.

Nach dem Motto: „Das hat früher immer funktioniert, warum sollte das heute nicht mehr so sein?"

Der oben beschriebene Stress des Neuen nimmt dabei im Laufe der Zeit natürlich ab, folglich aber auch das bei der Lösung erlebte Glücksgefühl.

Solange das Ergebnis jedoch stimmt, gibt es keinen Grund für Veränderungen.

Wenn dieser Zustand der wiederkehrenden Aufgaben eingetreten ist, befinden wir uns sozusagen auf der neurobiologischen Autobahn, die wir uns im Laufe unseres Lebens geschaffen haben. Das alltägliche Sein besteht aus Routine. Es läuft im Wesentlichen, wir müssen uns nicht besonders anstrengen, emotionale Ausschläge nach oben oder nach unten sind selten. Die persönliche Situation ist gewissermaßen fixiert. Wir befinden uns neudeutsch in unserer „Komfortzone"

Stellvertretend für diesen Umstand sei die hinlänglich bekannte, recht einsilbige Begrüßungsfloskel zwischen Männern zitiert:

Frage: „Wie geht' s ?"

Antwort: „Läuft."

Übertragen wir diesen Zustand in die Welt der Musik, haben wir uns beim Klavierspiel gleichsam für eine oder zwei Oktaven auf der Klaviatur entschieden. Diese beherrschen wir mittlerweile gut, doch schöpfen wir dabei natürlich nicht das gesamte Feld der Möglichkeiten aus. Es reicht für ein Liedchen, eine Sinfonie kann so jedoch nicht entstehen.

So fühlt es sich auch an.

Das ist der Preis für die bequeme Lösung.

Doch auch der dauerhaft unbequeme Weg ist keine gute Lösung.

Betrachten wir noch mal das oben erwähnte Konzept der Stressreaktion, das nach dem erfolgreichen Lösen der neuen Aufgabe Glücksgefühle hervorruft, gibt es auch hier einen Haken:

Das Ganze funktioniert nur so lange, wie hier ein gewisses inneres Gleichgewicht aufrechterhalten wird.

Es muss auf eine Stresssituation auch eine Phase der Entspannung folgen. Tritt diese nicht ein, läuft die Sache langfristig aus dem Ruder.

Laborchemisch kann man bei dieser Dauerbelastung im Blut eine anhaltende Erhöhung von Stresshormonspiegeln nachweisen, und das hat negative Folgen.

Ein langfristig erhöhter Cortisolspiegel beispielsweise hat einen degenerativen, also abbauenden Effekt auf die Nervenzelldichte im Hippocampus, der für unser limbisches System eine wichtige Rolle spielt (53).

Salopp formuliert könnte man sagen, dass zu viel Stress unser Gehirn schrumpfen lässt.

Ebenso wird bei Dauerstress die Amygdala, also unser Angstzentrum, dauerhaft aktiviert und es droht die Gefahr von ängstlich konnotierter Wahrnehmung der äußeren Reize (63).

Betrachtet man das vegetative Nervensystem, kommt es bei Dauerstress zu einer immerfort bestehenden milden Aktivierung des Fluchtreflexes (siehe oben).

In einer solchen Konstellation, in der also die Entspannung nicht adäquat auf eine Anspannung folgt, sprechen wir von „negativem Stress".

Das hat Einflüsse auf unser Herz-Kreislauf-System, die Persönlichkeitsausrichtung und natürlich auch auf unsere Beziehungswelt inklusive unserer Sexualität.

Synchronisation von Herz und Gehirn

Als J. Andres Armour im Jahre 1991 sein Konzept eines „eigenständig arbeitenden Herzgehirns" vorstellte, gab es wenig wissenschaftliche Beweise und einige Ablehnung für diese Idee.

Heute gilt Armour als einer der Pioniere und Mitbegründer eines noch jungen Forschungsgebietes in der Medizin, des Fachbereichs der *Neurokardiologie*.

Experten aus dem Zweig der Herz-Kreislauf-Wissenschaften schlossen sich mit Gruppen von psycho-physiologischen Forschern und Neurologen sowie Neurobiologen zu diesem Forschungszweig zusammen, um gemeinsam die Frage zu klären, ob, und, wenn ja, wie, das Herz und das Gehirn miteinander kommunizieren können.

Die Arbeiten von Armour zeigen, dass das Herz und das Hirn nicht nur kommunizieren, sondern dass unser zentrales Kreislauforgan sogar über ein eigenes Nervensystem verfügt (2).

Zu diesem System gehören über 40.000 Neuronen (Nervenzellen), die dazu in der Lage sind, zirkulierende Botenstoffe aufzuspüren und weitere chemische wie physikalische Informationen in Impulse zu übersetzen und vom Herzen aus über verschiedene Nervenbahnen ans Gehirn weiterzuleiten.

Dort angekommen, beeinflussen sie die Aktivität des autonomen Nervensystems (46), also die des *Sympathikus* und des *Parasympathikus*, die wir im Rahmen der Stressreaktion ja bereits kennengelernt haben.

Interessanterweise führen aber einige Bahnen auch in diejenigen Regionen des Gehirns, die an kognitiven Prozessen wie *Entscheidung* und *Wahrnehmung* beteiligt sind.

Dieser Informationsaustausch findet dabei in beide Richtungen statt, also vom Herzen zum Gehirn und umgekehrt.

Wie wir wissen, verändert das Herz seine Aktivität im Zusammenhang mit starken Emotionen.

Bei Verärgerung oder wenn wir in einer anderen Weise erregt sind, schlägt es schneller, wohingegen der Herzschlag langsamer wird, wenn wir uns entspannen oder schlafen.

Die Veränderung der Aktivität lässt sich aber nicht nur in der Frequenz, also der Anzahl der Schläge pro Minute, festmachen, sondern auch an der *Variabilität* der Frequenz.

Damit ist Folgendes gemeint: Wenn das Herz in einer bestimmten Frequenz pumpt, also zum Beispiel mit 65 Schlägen pro Minute, dann ist der *Abstand zwischen zwei Schlägen* nicht immer genau gleich lang, auch wenn sich die Anzahl der Schläge pro Minute im Durchschnitt nicht wesentlich ändern sollte.

Die Veränderung der Abstände zwischen zwei Schlägen bezeichnen wir als *Herzfrequenz-Variabilität*.

Diese Variabilität ist ein Parameter der autonomen Funktion des Herzens, zeigt also, dass das Herz von uns nicht willkürlich beeinflusst werden kann (73).

Diese Variabilität ist bei der Geburt des Menschen am stärksten und nimmt im Laufe des Lebens ab.

Kurz vor dem Tod ist die Frequenz nahezu eingefroren und es zeigt sich keine Variabilität mehr.

Je höher die Variabilität, desto vitaler und gesünder sind wir, so scheint es.

Doch nicht nur der natürliche Lebenszyklus zeichnet sich in der Variabilität ab, auch negative Empfindungen führen zu einer Störung dieser natürlichen Variabilität und nehmen offenbar nachteiligen Einfluss auf das Nervensystem und die übrigen Organe des Körpers (48).

Ebenso tritt bei positiven Gefühlen das Gegenteil ein.

Es kommt dann zu einer deutlich höheren Herzfrequenzvariabilität in den Herzrhythmen. Liegt so ein Zustand höherer Frequenzvariabilität vor, spricht man von Herzkohärenz. Zum Zeitpunkt einer besonders hohen Herzkohärenz kommt es in der Folge zu einer harmonischen Balance im gesamten Nervensystem. Hierbei bewirkt die vom Herzen zum Gehirn gesendete neuronale Information einerseits, dass es dem mentalen System leichter fällt, seine Funktionen auszuüben: Entscheidungen werden schneller getroffen, Lösungen schneller gefunden und die Kreativität nimmt zu (49).

Andererseits stellt sich bei hoher Herzkohärenz gleichzeitig ein positiver Gefühlszustand ein.

Möglicherweise liegt hier die Erklärung für die organische Verortung von tiefen Glücksgefühlen, allen voran der Liebe, im Herzen.

Die Zusammenhänge sind einfach zu verstehen, wenn wir sie auf das Wesentliche herunter brechen: Disharmonie im Nervensystem führt zu vermehrtem Stress für das Herz und die übrigen Organe, harmonische Herzrhythmen hingegen sind effizient, fühlen sich gut an und sind nicht belastend für den menschlichen Körper.

Interessant wird es, wenn, wie im HeartMath Institute in den USA geschehen, Techniken entwickelt und angewendet werden, die die Herzfrequenzvariabilität (und somit die Herzkohärenz) steigern, und man schaut, was passiert.

Die Wissenschaftler im eben genannten Institut haben solche Untersuchungen durchgeführt und berichten, dass das Herz nahezu so agiere, als habe es ein eigenes Gehirn. Es beeinflusse in unterschiedlichen Kohärenzsituationen tiefgreifend die Art und Weise, wie wir die Welt sehen.

Es nimmt Einfluss auf Kreativität und emotionale Balance ebenso wie auf kognitive Klarheit und die Entwicklung von persönlicher Stärke (50).

Es scheint also, dass das menschliche Herz weit mehr ist als eine Pumpe.

Es handelt sich offenbar vielmehr um ein komplexes Informationsverarbeitungssystem, das sich aufgrund einer eigenen operativen neurologischen Einheit selbst organisieren kann.

Ein Hinweis auf diese Fähigkeit zur kompletten Selbstorganisation liegt möglicherweise in der Tatsache begründet, dass ein transplantiertes Herz seine Tätigkeit aufnehmen kann, ohne mit dem Gehirn zu kommunizieren.

Wird ein Herz transplantiert, muss es bei der Entnahme ja von den Nervenbahnen getrennt und aus dem Körper des Spenders herausgenommen werden.

Nach der Transplantation entwickeln sich diese Nervenbahnen in seiner neuen Umgebung nur sehr langsam und von selbst wieder neu.

Trotz der neurologischen Trennung vom Gehirn nimmt das Herz seine Tätigkeit aber sofort wieder auf (57).

Das Herz beeinflusst über seinen Informationsaustausch also offenbar auch unser Bewusstsein und einen wesentlichen Aspekt der Intelligenz, die *emotionale Intelligenz.*

Bereits der Neurologe Antonio Damasio beschreibt in seinem Buch „Descartes' Irrtum" die Bedeutung von Emotionen bei der Entscheidungsfindung.

Die kognitive Leistungsfähigkeit alleine reicht offenbar nicht aus, um das Leben zu bewältigen.

Er belegt anhand von Fällen aus der Praxis, dass Patienten, die eine Hirnschädigung erleiden, in jenem Bereich, wo die kognitiven und emotionalen Systeme verbunden werden, bei der Alltagsbewältigung Probleme entwickeln, auch wenn die rein mentalen Fähigkeiten nicht beeinträchtigt werden.

In seinem Bestseller „Emotionale Intelligenz" beschreibt Daniel Coleman ebenso eindrücklich, dass Qualitäten wie Motivation, Leidenschaft, aber auch Altruismus und Selbst-bewusstsein im Sinne von Selbsterkenntnis mehr Einfluss auf Erfolg im Leben haben als mentale Intelligenz alleine.

Neurowissenschaftliche Erkenntnisse bestätigen, dass Kognition und Emotion am besten als zwei voneinander getrennnte, aber miteinander interagierende Systeme verstanden werden sollten. Gefühl und Geist sind also einerseits getrennt, andererseits findet eine Interaktion dieser beiden Größen miteinander statt.

Jedes dieser Systeme verfügt über eine für sich einzigartige Intelligenz.

Wesentlich für Erfolg und Glück jedoch scheint die Integration beider Systeme zu sein. Ein Gradmesser hierfür ist die

Kohärenz der Systeme, also das geordnete, harmonische Miteinander beider Systeme. „Ein nicht phasengleicher Zustand zwischen beiden Einheiten führt zu einem reduzierten Bewusstsein", sagen die Forscher aus dem HeartMath Institute.

Unsere Aufnahmefähigkeit, die mentale Klarheit, die Reaktionszeit ebenso wie unsere Empfindsamkeit sind vom Grad der Kohärenz des mentalen und des emotionalen Systems abhängig.

Das ist nachvollziehbar.

Die Kommunikation zwischen emotionalem und kognitivem Zentrum findet zwar wechselseitig statt, jedoch ist die Anzahl neuronaler Verbindungen, die vom emotionalen zum kognitiven Zentrum führen, deutlich höher als umgekehrt.

Das bedeutet: Ist eine emotionale Erfahrung erst einmal zementiert, stellt sie dadurch einen mächtigen Motivator für unser Verhalten und Handeln dar.

Dieser Aspekt ist wichtig im Hinblick auf das Ändern von Gewohnheiten. Ist die Motivation für Veränderung emotional beladen, gelingt es deutlich besser, die Verhaltensstrukturen neu zu entwickeln, als wenn es sich um einen kognitiv entwickelten „guten Vorsatz" handelt.

Dies ist ebenso der Fall, wenn wir unsere persönliche Prägung ins Visier einer möglichen Neuorientierung nehmen.

Emotionen funktionieren hierfür offenbar besser als Gedanken.

Ein emotionales Ereignis kann unsere Gedankenwelt komplett zum Erliegen bringen, allerdings kann umgekehrt ein Gedanke ein emotional stark beladenes Erlebnis nicht von unserer inneren Landkarte löschen.

Eine Untersuchung am Massachusetts Institute of Technology konnte zeigen, dass unser kortikales Gehirn dazu in der Lage ist, Emotionen zu unterdrücken (60). Das ist wichtig für Situationen, in denen wir ein traumatisches Erlebnis aus der Vergangenheit vor unserem inneren Auge erneut erleben. In dem Moment kann der Verstand sozusagen die aufkommenden Gefühle unterdrücken, damit wir nicht unkontrolliert reagieren.

Es gelingt jedoch nicht, das Gefühl aus unserem Bewusstsein vollständig zu *löschen*.

In manchen Situationen kann es hilfreich sein, ein aufkommendes Gefühl zu unterdrücken, doch es ist wichtig, sich dieser emotionalen Erfahrung zu widmen, will man davon loskommen.

Werden Gefühle über einen längeren Zeitraum unterdrückt, verlieren wir außerdem zunehmend die Fähigkeit, unserem Instinkt zu folgen.

Neurobiologisch betrachtet, verhindert eine langfristige willkürliche Trennung von Denk- und Gefühlsapparat, Warnsignale des limbischen Systems wahrzunehmen.

Daraus entwickeln sich dann wiederholt ablaufende Handlungsstränge, die eine sich spürbar anbahnende Konsequenz ignorieren und uns sprichwörtlich ins offene Messer laufen lassen, da wir die Gefahr nicht *spüren* können.

Wir merken also zum Beispiel nicht, dass der Job uns ausbrennen lässt, wir machen einfach weiter und brechen irgendwann zusammen.

Wir registrieren nicht, dass unsere Partnerin unzufrieden ist, wir machen weiter und sehen uns plötzlich und unerwartet mit einer Trennung konfrontiert.

Der Körper sendet uns jedoch Signale, wenn wir uns in einer solchen Situation befinden und nichts dagegen unternehmen.

Die dauerhafte Entkopplung der beiden Systeme (Denk- und Fühlapparat) quittiert der Körper mit einer Fülle von Veränderungen:

Wir werden müde, der Blutdruck verändert sich, Hautveränderungen können auftreten, der Magen-Darm-Trakt reagiert irritiert, die Libido und auch die Erektionsfähigkeit werden beeinträchtigt.

Gerät dieser ursprünglich harmonische Zustand vollends aus den Fugen, können wir das nicht nur an der mangelnden Variabilität der Herzfrequenz messen.

Unser gesamtes organisches Funktionieren wird durchgeschüttelt. Nervensystem, Herz-Kreislauf-Funktionen, Hormonhaushalt und unser Immunsystem geraten zunehmend durcheinander, sofern die Kohärenz der beiden Systeme nicht aufrechterhalten werden kann.

Häufig mündet dieses körperliche Durcheinander in eine Depression (75).

Drängt das emotionale Gehirn in eine andere Richtung als die, die wir nach rationaler Entscheidungsfindung einschlagen, drohen mittelfristig ein physiologisches und ein psychologisches Chaos.

Schenkt man den Ergebnissen der Untersuchungen am HeartMath Institute Glauben, spielt das Herz durch seine neuronale Anbindung an das Gehirn eine wesentliche Rolle bei der Entstehung emotionalen Erlebens. Somit ist es in dieser Funktion essenziell für die Entwicklung eines harmonischen Miteinanders des mentalen und des emotionalen Systems.

Der Gleichklang beider Anteile unserer Persönlichkeit hat wiederum Einfluss auf unseren Gesundheitszustand.

In einer Untersuchung an der Universität Stanford wurden Patienten mit Herzinsuffizienz einem Kohärenztraining unterzogen. Im Vergleich zur Kontrollgruppe konnte bei den Probanden allein durch das Kohärenztraining ein signifikant verbesserter körperlicher Allgemeinzustand erzielt werden (44).

Auch hormonell konnte die Wirksamkeit eines Kohärenztrainings belegt werden. Es zeigte sich ein Anstieg des Dehydroepiandrosteron, kurz DHEA, einer Vorstufe der Sexualhormone. Gleichzeitig wurde ein Abfall des Stresshormons Cortisol gemessen. Beides trägt zu einer Entlastung auf Ebene der Stressachse bei.

Interessanterweise kam es durch das Kohärenztraining auch zu einem Anstieg des Immunglobulin A, eines wesentlichen Faktors unseres Immunsystems, das gegen eindringende Viren und Bakterien gerichtet ist (69).

Zusammenfassend kann man also sagen, dass die Kohärenz des emotionalen und des rationalen Gehirns vielfältige Auswirkungen auf unsere körperliche und auch seelische Gesundheit hat.

Je höher der Grad der Kohärenz, desto besser ist unser körperliches und psychisches Befinden. Das hat natürlich auch Auswirkungen auf unsere Sexualität.

Der Mann und sein Körper im 21. Jahrhundert

Wie definiert sich der Mann im 21. Jahrhundert? Was ist seine Aufgabe; worum geht es für ihn im Leben, was determiniert den Sinn des Lebens?

Diese Fragen zu beantworten ist wichtig, denn wie wir oben gesehen haben, benötigen wir für eine hohe Kohärenz ein Gleichgewicht zwischen Herz und Hirn. Vereinfacht dargestellt, brauchen wir einen individuellen roten Faden in unserem Leben und müssen uns gut fühlen bei dem, was wir tun.

Doch diese Fragen lassen sich nicht immer ohne Weiteres klar beantworten.

Folgt man neurobiologischen Erkenntnissen, ist die Antwort auf die Frage, was Männer brauchen, um glücklich zu sein, relativ leicht herzuleiten:

Unter der Geburt des jungen Adonis wird von der Mutter ein Stoff ins Blut ausgeschüttet, der eine prägende Wirkung auf den Kleinen hat. Es handelt sich um das Hormon *Oxytocin*.

Diese als Glücks- oder auch Bindungshormon bezeichnete Substanz gelangt über das Blut der Mutter durch die Nabelschnur auch ins Gehirn des Kindes.

Hier wird durch die Aktivierung neuronaler Netzwerke das Gefühl der Bindung an die Mutter maximal verstärkt.

Dieses Gefühl wird nach Ansicht vieler Wissenschaftler bereits vor der Geburt entwickelt. Beim Stillvorgang geht es weiter: Dieses Mal ist es das *Prolaktin*, das ebenfalls von der Mutter ausgeschüttet wird und mit der Muttermilch ins Blut des Säuglings gelangt. Im Gehirn sorgt es dafür, dass die Bindung weiter zementiert wird.

Diese emotionalen Erfahrungen werden zu diesem Zeitpunkt als Grundbedürfnis fest in der neuronalen Struktur des Kindes verankert.

Wir entwickeln also bereits im frühkindlichen Alter ein grundlegendes Verlangen nach **Bindung und Nähe**, das im gesamten weiteren Leben Bestand haben wird.

In der darauffolgenden Entwicklung lernen wir ein zweites, wesentliches Bedürfnis kennen:

Wir wollen wachsen, **Autonomie** leben, unser Potenzial entfalten und die eigene Unabhängigkeit spüren.

Auch hierfür gibt es reichlich neurobiologische Belege.

Eine unausweichliche Herausforderung bei der Entwicklung unserer neuronalen Netzwerke liegt im Wachstum selbst: Immer, wenn wir eine neue Erfahrung machen, ist diese Situation unbekannt und dadurch zunächst grundlegend angstbesetzt. Gelingt es uns – oft durch die fürsorgliche Hilfe unserer Eltern - diese Situation zu meistern, überwinden wir die Angst und sind um eine positive Erfahrung reicher. Im Gehirn werden Botenstoffe wie Dopamin ausgeschüttet, die das innere Belohnungssystem aktivieren. Neue Nervenbahnen entwickeln sich, die Verknüpfungen werden komplexer, Fazit: Wir lernen. Schon beim nächsten Versuch wird die Lösung dieser Aufgabe leichter. Angst wandelt sich in Begeisterung, unser Selbstvertrauen wird gefördert und wir bekommen Lust auf Entdeckungen von neuem, unbekanntem Terrain.

Bei Jungen ist dieser Drang meist etwas stärker ausgeprägt, da sie hormonell bedingt mit etwas mehr Antrieb ausgestattet sind als Mädchen, aber prinzipiell finden diese Prozesse geschlechtsunabhängig statt.

Es geht also für den Mann grundlegend um die Befriedigung zweier Bedürfnisse: Nähe und Wachstum. Das war schon zu Zeiten unserer Großeltern so und dieses Prinzip gilt auch heute noch. Allerdings haben sich die gesellschaftlichen Strukturen im Wandel der Zeit verändert und sie tun es weiterhin.

Die Geschwindigkeit dieser Veränderungen nimmt stetig zu, es werden für den Mann immer schnellere Anpassungsvorgänge nötig, um seinen Platz in der Gesellschaft zu finden.

Die große Herausforderung im weiteren Leben ist es, diese beiden Grundbedürfnisse im Gleichgewicht zu halten. Das wird immer schwerer, denn Bindung einerseits, die das Bedürfnis nach Nähe befriedigt, steht in Konkurrenz zur Autonomie andererseits, die das Bedürfnis nach Wachstum befeuert.

Was passiert nun, wenn eines dieser Bedürfnisse nicht gestillt wird?

Schaffen wir es nicht, dieses für unsere innere Kohärenz erforderliche Gleichgewicht herzustellen, bezahlen wir das mit einem Gefühl innerer Unruhe und negativer Erregungserfahrungen. Zu viel Autonomiebestreben einerseits treibt uns aus der für das Bedürfnis nach Nähe so wichtigen Bindung heraus.

Ein zu ausgeprägtes Bindungsverhalten hemmt andererseits unser Bestreben nach Entfaltung und Wachstum.

Wir wollen aber unseren Bindungspartner nicht verlieren und versuchen daher, diesem zu gefallen und den vorgetragenen Ansprüchen an uns gerecht zu werden.

Andererseits spüren wir den Drang, uns entwickeln zu müssen, und benötigen dafür Freiheit und Autonomie.

Das ist ein Dilemma, das wir in jeglicher Situation unseres Lebens erfahren können: in der Paarbeziehung, im Beruf, als Vater unserer Kinder, im Freundeskreis.

Neurobiologisch entspricht diese scheinbar unlösbare Situation einer dauerhaften Aktivierung der oben bereits beschriebenen Stresskaskade, die unser autonomes Nervensystem in ein Ungleichgewicht bringt und somit letztlich der oben dargestellten Kaskade folgend dauerhaft den Fluchtreflex aktiviert. Die Folgen für unsere psychische und physische Gesundheit haben wir ja bereits beleuchtet.

Wie reagieren Männer auf dieses Ungleichgewicht?

Bereits in der frühen Kindheit, wenn Jungen die Erfahrung machen, dass sie anders sind als Mädchen, geraten sie in das Spannungsfeld der Unvereinbarkeit dieser Grundbedürfnisse.

Der Junge trennt klar die männlichen von den weiblichen Bezugspersonen und mit zunehmendem Alter wird die Identifikation mit den männlichen Bezugspersonen besonders wichtig.

Er versucht, in deren Rolle zu schlüpfen, und fordert dabei die Bindungspersonen und deren Toleranzgrenze heraus.

Neben dem daraus resultierenden Dilemma der konkurrierenden Grundbedürfnisse entwickelt der heranwachsende Junge sein inneres Leitbild und eine eigene Definition von Männlichkeit.

Hier tauchen zwei weitere Probleme auf:

In der westlichen Kultur lernen die Jungen zunehmend, ihre emotionale Befindlichkeit unter Kontrolle zu halten.

Männliche Gesten werden zwar als Symbol der Stärke zur Schau gestellt, Gefühle jedoch unterdrückt.

Langfristig führt diese kontrollierte Unterdrückung einerseits zu einer Entkopplung von Körperempfinden und andererseits zu einem zunehmend strategisch eingesetzten Geist.

Der Mann erlebt seinen Körper als eine Maschine, die funktionieren muss.

Im Hinblick auf die Entwicklung eines Leitbildes für die eigene Männlichkeit haben sich die Strukturen in der modernen Gesellschaft aufgeweicht und eine klare Leitstruktur, wie sie bis zu Zeiten unserer Väter und Großväter über Generationen hinweg vorhanden war, ist nicht auszumachen.

Die Zeiten, in denen wir einen Beruf erlernen und bis zum Ende unseres Arbeitslebens ausüben, sind vorbei.

Ebenso gibt es kein klares Rollenbild des Versorgers mehr.

Die gesellschaftliche Wandlung hat diese archaischen Strukturen schon längst als Auslaufmodell entsorgt.

Diese Entwicklung ist zeitgemäß und keinesfalls von Männern unerwünscht.

Einer aktuellen Untersuchung des Bundesministeriums für Familie, Senioren, Frauen und Jugend zufolge, haben 57 % der in Deutschland befragten Männer „liebevolle Fürsorge für die Kinder" und immerhin 34 % „Arbeiten im Haushalt erledigen" als wichtige Kriterien in ihr Männer-Leitbild aufgenommen, dagegen halten 32 % der Männer den Wunsch, „Karriere zu machen", für sympathisch.

69 % aller befragten Frauen wollen einen Mann, der in der Kindererziehung Aufgaben übernimmt. Gleichzeitig ist es für 77 % aller befragten Frauen aber auch wichtig, dass ihre Männer die Familie gut versorgen können.

Interessant ist folgendes Ergebnis dieser Untersuchung im Hinblick auf eine Gleichstellung beider Geschlechter beruflich wie privat:

Bei Männern bleibt der Wunsch nach Gleichstellung zwischen Mann und Frau unabhängig vom Familienstand nahezu unverändert. 35 % der Männer in nichtehelichen Lebensgemeinschaften und 30 % der verheirateten Männer stimmen einer absoluten Gleichstellung der Geschlechter zu.

Bei Frauen verhält es sich anders: 60 % der Frauen in nichtehelichen Partnerschaften sind Verfechter der absoluten Gleichstellung, bei verheirateten Frauen sinkt der Anteil auf 49 % (8).

Ein klar definiertes Rollenbild fehlt in diesem Szenario allerdings für den Mann und eine Befriedigung der oben genannten höchst vulnerablen Grundbedürfnisse ist nicht mehr durch gesellschaftliche Strukturen vorgegeben.

Eine Lösung für dieses Problem kann keinesfalls sein, die Uhr zurückzudrehen, sondern es muss im neurobiologischen Sinn eine Anpassungsreaktion sein.

Betrachtet man die Studienergebnisse und die gelebte Realität, scheinen viele Männer diese Entwicklung zumindest im Außen teilweise vollzogen zu haben.

Die erforderliche Entwicklung im Innen allerdings bleibt häufig auf der Strecke.

Hirnforscher definieren die im Frontalhirn beheimateten Fähigkeiten, komplexe Probleme zu lösen, vorrausschauend zu denken, sich auf eine Sache konzentrieren sowie eigene Handlungen abschätzen zu können, als „Exekutive Frontalhirnfunktionen".

Die Steuerung dieser Kompetenzen hängt im Wesentlichen von Erfahrungen ab, die wir im Kontext unserer Sozialisation im Laufe unserer Entwicklung durchmachen.

Wenn wir in eine Erwartungshaltung geraten, die sich trotz der Aktivierung dieser Kompetenzen nicht erfüllen lässt, kommt es im neurobiologischen Sinn zu einer im Frontalhirn beginnenden Übererregung, die dann auf das limbische System übergreift und hier eine Alarmreaktion auslöst und somit die Stresskaskade aktiviert.

Wenn wir Männer also nicht lernen, wie wir im Spannungsfeld der veränderten gesellschaftlichen Struktur unseren Platz finden, und unsere Männlichkeit nicht definieren können, wird es schwer, Bindung, Nähe und Wachstum zu befriedigen.

Daraus resultiert die eben beschriebene Übererregung, die auf kleiner Flamme vor sich hin köchelt und Stress auslöst.

Diese Situation mündet dann in kompensatorische Mechanismen zur Ersatzbefriedigung, die allein zum Lösen der Spannung dienen.

Wir treiben dann exzessiv Sport, befriedigen uns mit Statussymbolen oder gönnen uns regelmäßig alkoholische Exzesse.

Dies ist im neurobiologischen Sinne eine Rettungstat, denn tun wir das nicht, resultiert Dauerstress.

Der Mann sucht sich also aktiv eine Ersatzbefriedigung. Gelingt dies nicht, bleibt ihm als Alternative noch ein passives Vermeidungsverhalten.

Beides jedoch mündet in eine emotionale Abwärtsspirale.

Eine dauerhafte, gesunde Lösung des Problems kann nur geschaffen werden, wenn die exekutiven Frontalhirnkompetenzen erweitert und an das neue Erwartungssystem angepasst werden.

Das Problem hierbei ist nur, dass diese Anpassungskompetenzen nicht gelehrt werden können.

Wir müssen sie, wie oben bereits erwähnt, *selbst erfahren*.

Daher kann die Lösung dieses Dilemmas nicht von außen kommen, sondern muss im Inneren geschehen.

Nur so werden wir Männer zu authentischen Personen mit hoher Bindung zu uns selbst und können klare Definitionen für unsere Männlichkeit entwickeln, uns sauber abgrenzen, Wachstum schaffen und gleichzeitig ein glückliches und gesundes Sexual- und Beziehungsleben führen.

Er war Mitte 40, als er zu mir in die Sprechstunde kam.

Nennen wir ihn Tom.

Ich hatte ihn einige Tage zuvor körperlich untersucht und er kam nun noch mal wieder, um die bei der ersten Konsultation erhobenen Laborparameter zu besprechen.

Sämtliche Werte waren in Ordnung.

Eine klare Ursache für seine gestörte Sexualität – er hatte wenig Lust auf Sex und seine Erektion bezeichnete er als unbefriedigend - war nicht auszumachen. Er liebte seine Frau, fand sie durchaus anziehend und attraktiv, doch irgendetwas hemmte ihn.

Wir begannen, uns über sein bisheriges Leben zu unterhalten. Er erzählte mir folgende Geschichte: Er war als Einzelkind „irgendwie isoliert" aufgewachsen. Seine Eltern waren fürsorglich gewesen, er fühlte sich wohl und behütet, aber an Nähe und auch Kontakt zu anderen konnte er sich nicht erinnern. Anerkennung verschaffte er sich durch Erfolge in der Schule.

Als er den elterlichen Haushalt verließ, war es nicht leicht für ihn, Kontakte zu knüpfen. Er stürzte sich in sein Studium, schloss nach der Mindeststudiendauer mit exzellenten Noten ab.

Nach dem Studium arbeitete er ein paar Jahre im Angestelltenverhältnis, bis er sich schließlich mit seiner eigenen Firma als Subunternehmer einer großen Firma in der Automobilindustrie selbstständig machte.

Der berufliche Erfolg machte ihn attraktiv, er fand eine Frau und heiratete. Familienleben und Sexualität fanden irgendwo auf einem Nebenschauplatz statt, zu sehr war er darauf programmiert, sich mit seiner Karriere zu beschäftigen. „Ich habe eigentlich damals schon nicht viel gefühlt", erklärte er mir. Stattdessen arbeitete er immer mindestens 12, manchmal 18 Stunden am Tag.

Alles lief gut, bis das Mutterunternehmen insolvent wurde.

Sein eigenes Unternehmen schrieb zwar weiter schwarze Zahlen, doch das reichte bei Weitem nicht, um den Konzern zu retten.

Das Insolvenzverfahren sollte still im Hintergrund abgewickelt werden, ein neuer Investor würde alles übernehmen und er wollte seine Kunden möglichst geräuschlos und ohne Informationen über das bestehende Risiko weiter zufriedenstellen. Doch mit zunehmender Dauer dieses Prozesses beschlich ihn ein Gefühl von Panik.

Er sah die Gefahr, das Fundament für sein Leben und seine Wertvorstellungen könne zusammenbrechen.

Die Situation spitzte sich zu, als er einen Termin mit einem Großkunden hatte, den er überzeugen wollte, bei seiner Firma zu bleiben. Am selben Tag hatte sich der Insolvenzverwalter angekündigt, den er anschließend treffen sollte.

Er bat den Kunden in sein Büro.

Die zwei Männer saßen sich in ihren Anzügen gegenüber, und als Tom das Gespräch eröffnen wollte, versagte ihm seine Stimme ihren Dienst.

Statt über den Auftrag zu sprechen, brach ihm kalter Schweiß aus und ihm kamen unverhofft die Tränen.

Er konnte nichts mehr tun, hatte die Kontrolle über sich komplett verloren.

Der Kunde verließ nach wenigen Augenblicken das Büro und auch Tom ging kurze Zeit später einfach nach Hause.

Er kam nie mehr zurück.

Noch heute beschreibt er das Gefühl aus der Zeit mit den Worten: „Ich habe damals morgens in den Spiegel geschaut und wusste nicht, wen ich da ansah. Ich fühlte mich unendlich leer. Meinen Körper habe ich lange vorher schon nicht mehr gespürt. An dem Tag ist alles in sich zusammengefallen."

Der Körper als Maschine

Tom ist kein Einzelfall, auch wenn die einzelnen Geschichten der Männer nicht immer so extrem anmuten wie seine.

Ein immer wiederkehrendes Charakteristikum dieser Männer ist aus meiner Erfahrung eine Entkopplung zwischen Körper und Geist und dadurch eine im Hinblick auf das Körperempfinden entstandene dissoziative Wahrnehmung der eigenen Person.

Ein anderer Patient, nennen wir ihn Frank, kam zu mir in die Sprechstunde. Mitte 30, groß gewachsen, sportlich, mit forschem Auftreten. Wir schüttelten kurz die Hände, dann kam meine Frage: „Was kann ich für Sie tun?"

Seine Antwort, die er mit einer gewissen Prise an Aggressivität vortrug, lautete: „Das müssen Sie mir sagen!"

Das Ganze wurde durch seinen fordernden Blick und einen scharfen Ton in einer angriffslustigen Manier vorgetragen, die suggerierte, dass schon allein die Frage „Wie geht es Ihnen?" eine Frechheit sei.

Für ihn war offenbar klar, dass für die Beantwortung der Frage nicht er selbst, sondern der Dienstleister Arzt verantwortlich sei.

Der hier beschriebene Mann überträgt dem Arzt somit die Verantwortung, die eigene Befindlichkeit (des Patienten) zu beurteilen, dafür ist dieser schließlich zur Konsultation erschienen.

Es wird eine Dienstleistung in Anspruch genommen, die Eigenverantwortung ist bereits durch die Tatsache, den Arzt selbstständig aufgesucht zu haben, abgeleistet.

Eine weitere, geradezu klassische Situation, spielte sich folgendermaßen ab: Erneut wurde ich konsultiert, der betreffende Mann war Anfang 40, eher klein, Turnschuhe, etwas untersetzt. Er nahm meine Hand freundlich entgegen.

Meine Frage nach der Begrüßung lautete: „Wie geht es Ihnen?" Eine gleichermaßen verblüffende wie wegweisende Antwortet klang hier nun folgendermaßen: „MIR geht es sehr gut, aber…" – und dann wies er mit einem verständnislosen Achselzucken in seine Körpermitte und fuhr fort: „meinem kleinen Freund da unten scheint es nicht so gut zu gehen-".

Dieser im Gegensatz zum vorher zitierten Mann eher freundliche Vertreter unserer Gattung hat offenbar festgestellt, dass ein Teil seines Körpers, den er immerhin als „kleinen Freund" bezeichnet, nicht so ganz in Ordnung sei.

Er suggeriert mit seinem Verhalten allerdings, wie der Mann im vorangegangenen Beispiel, dass er damit eigentlich nichts zu tun habe und sich auch nicht erklären könne, wie es dazu gekommen sei.

Wenn man sich diese Aussagen der unterschiedlich auftretenden Männer im Hinblick auf Gemeinsamkeiten ansieht, lassen sich die Antworten trotz ihrer unterschiedlichen Ausdrucksweise auf einen gemeinsamen Nenner herunterbrechen: Die Männer vollziehen eine Trennung zwischen sich selbst als geistvollem Individuum und ihrem Körper. Der letztgenannte bekundet subjektives Wohlbefinden seiner selbst, vermutet aber eine gewisse „Funktionsstörung" eines Körperteils, den er primär als eigenständiges, außerhalb seiner Kontrolle agierendes Etwas bezeichnet.

Der andere hat den Kontakt zu sich selbst völlig verloren und antwortet auf die Frage, wie es ihm gehe, latent aggressiv, schließlich habe er einen Mediziner aufgesucht, um von diesem zu erfahren, wie es um ihn bestellt sei.

Auch wenn man beiden Männern sicher zugute halten sollte, dass ein Besuch beim Urologen häufig schambehaftet sein kann, zeigen beide Antworten eine differente Wahrnehmung von Körper und dem Ich, welches in eigener Vorstellung der Beiden losgelöst von physischen Aspekten die Persönlichkeit ausmacht.

Die hier aufgeführten Beispiele deuten auf ein für Männer fast schon geschlechtsspezifisches Verhalten im Hinblick auf den Körper, das anmutet wie eine Fahrzeugübergabe zur Inspektion.

Der Zustand des funktionsgestörten Objektes soll geklärt, eventuell bestehende Schäden durch eine Reparatur behoben werden.

Die Sicherstellung der Leistungsfähigkeit der Maschine wird delegiert.

Diese Trennung der Integrität von Körper und Geist führt nicht nur dazu, dass Männer erstaunlich lange trotz externalisierter körperlicher Funktionsstörungen glauben, gesund zu sein.

Dieses Denkmodell erklärt auch, warum Männer den Begriff der *Vorsorge* nicht verstehen. Noch immer geht der Mann erst dann zum Arzt, wenn ihn deutliche Beschwerden plagen. Getreu dem Motto: - „Wenn ich keine Schmerzen habe, bin ich gesund".

In der oben bereits zitierten Untersuchung des Bundesministeriums für Familie, Senioren, Frauen und Jugend kam heraus, dass immer noch nur etwa ein Drittel aller Männer angibt, „sehr auf ihre Gesundheit zu achten".

Männer neigen noch immer dazu, Workaholics zu werden. 59 % stellen ihre Arbeit über ihre Gesundheit, 80% aller Arbeitsunfälle betreffen Männer, verlaufen sie tödlich, sind mehr als 90% dieser Unfälle auf das Konto der Männer zu buchen.

Gleichzeitig ist die Medizin traditionell immer eine Männerdomäne gewesen, aber es ist kaum gelungen, den Sinn für die eigene Gesundheit und den eigenen Körper bei Männern zu wecken.

Wie kommt es nun zu dieser getrennten Wahrnehmung von Körper und Geist?

Ein Aspekt ist sicherlich historisch bedingt durch die generelle biologische Entwicklung der menschlichen Spezies.

Die kraftvollen Bewegungssysteme, die uns ursprünglich halfen, Angriffe abzuwehren, uns zu schützen oder zu fliehen, werden heutzutage ebenso wenig für das Überleben benötigt wie die damals angelegten instinktiv gesteuerten Reflexe.

Zu Zeiten der Jäger- und Sammlerkultur unserer Vorfahren hätte man ohne diese Eigenschaften kaum überleben können und ohne ein triebhaftes Sexualverhalten wäre das Fortbestehen unserer Spezies wahrscheinlich auch kaum möglich gewesen.

Im Rahmen der Sozialisation in größeren Gruppen trat dann die Impulskontrolle in den Vordergrund, die für eine in der Gemeinschaft mehr und mehr geistig geprägte Gesellschaft erforderlich war.

Die weitere Entwicklung, die im Zeitalter der Vernunft Descartes zu seiner berühmten Aussage „Ich denke, also bin ich" veranlasste, machte die ursprünglich instinktiven Reaktionen vollends zu lästigen Erscheinungen, die den klaren Geist in seiner Entfaltung behinderten. Der Körper war nun untergeordnet und stand im Dienste des Geistes.

Wer erfolgreich sein wollte, musste sich innerhalb der Gesetze der Gesellschaft Anerkennung durch Leistung und Erfolge erarbeiten.

Dieses Phänomen ist ein gesamtgesellschaftliches, auch wenn es zumindest vor dem Zeitalter der Emanzipation wahrscheinlich geschlechtsspezifische Unterschiede in der Duldung von Emotionalität gegeben haben mag.

Für Männer war und ist es auch heute noch nicht statthaft, emotional und impulsiv zu agieren, stattdessen sollen sie einen „kühlen Kopf" bewahren.

Ein Großteil unserer Kraft wird also darauf verwendet, Urinstinkte zu unterdrücken, um impulsive Ausbrüche unserer „männlichen Energie" zu vermeiden.

Die Krux an der Sache ist nur, dass diese archaischen Programmierungen nicht verschwinden und - im Gegensatz zu unseren täglichen Bemühungen – gelebt und gefühlt werden müssen, wenn wir uns wirklich lebendig spüren wollen.

Auf kleiner Flamme köchelt diese emotional negativ beladene innere Leere also vor sich hin und schafft mit zunehmender Dauer einen immer größer werdenden seelischen Mangelzustand.

Es fällt uns Männern besonders schwer, an unsere urinstinktive Lebendigkeit anzudocken, da wir selbst uns den Weg hierhin versperren.

Der Feind, den es zu besiegen gilt, um das Tor zum Feuer der Männlichkeit zu öffnen, sind wir selbst.

Diesen Kampf führt kein Mann gerne.

Die trotz der Unterdrückung irgendwo in der Ferne des Bewusstseins wahrgenommenen primären Instinkte werden stattdessen lieber kanalisiert in kurzfristig Entlastung bringende Ventilgelüste.

Wir flüchten uns in Sport, Motorradfahren, Statussymbole, Affären; die Liste der Stellvertreterbefriedigungen ist unbegrenzt erweiterbar, doch eine tiefe Zufriedenheit von Dauer stellt sich durch keine dieser Ersatzhandlungen ein.

Im Gegenteil, es kommt noch schlimmer, denn im Erklärungsmodell der Mind-Body-Medizin sind es gerade diese unterdrückten Emotionen und zurückgehaltenen Energien, die als Mitverursacher für chronische Erkrankungen gelten.

Wiederkehrende Kopfschmerzen, Rückenschmerzen, erhöhter Blutdruck, Schlafstörungen und eben auch eine gestörte Sexualität können durch die oben beschriebenen Umstände begünstigt werden.

Auswirkungen von psychischen Traumata

In der Analyse der Ursachen für die dissoziative Wahrnehmung von Körper und Geist ist die eben beschriebene historische Entwicklung von Bedeutung.

Allein reicht diese Theorie jedoch nicht aus, um das Dilemma des Mannes im 21. Jahrhundert zu erklären.

Ein zweiter Aspekt wird verständlich durch die gedankliche Weiterentwicklung der weiter oben dargestellten Unausgewogenheit der Grundbedürfnisse von Bindung und Autonomie.

Werden diese Bedürfnisse nicht befriedigt, verbuchen wir diese schmerzhaften Erfahrungen möglicherweise unbewusst als traumatisches Erlebnis.

Der von mir in diesem Kontext der Trennung von Körper und Geist verwendete Begriff der „Dissoziation" ist aus der Psychologie übernommen und bezeichnet dort das krankhafte Auseinanderfallen von verschiedenen psychischen Funktionen, die normalerweise miteinander in Zusammenhang stehen.

Definitionsgemäß wird der Begriff folgendermaßen verwendet: „Die Dissoziation beschreibt eine krankhafte Entwicklung, in deren Verlauf zusammengehörige Denk-, Handlungs- oder Verhaltensabläufe in weitgehend unkontrollierte Teile und Einzelerscheinungen zerfallen."

Es kommt also nicht nur zu einem Auseinanderfallen der eigentlich zusammenhängenden Funktionen, sondern auch zu einem Kontrollverlust.

In besonderem Maße trifft dies auf Patienten mit *posttraumatischen Belastungsstörungen* zu.

Eine solche Störung entsteht, wenn ein Ereignis von außergewöhnlicher Bedrohung oder mit katastrophalem Ausmaß eintritt. Dieses kann sowohl als Einzelereignis (plötzlicher Tod eines nahestehenden Menschen, Verkehrsunfall) als auch als chronisches, über einen längeren Zeitraum wiederholt auftretendes Ereignis (Misshandlungen, Krieg) seine Wirkung entfalten.

Auf diese Art traumatisierte Menschen weisen eine Entkopplung von ihren Instinkten auf. So etwas wie ein „Bauchgefühl" ist für sie nur schwer spürbar, körperliche Empfindungen werden abgeschaltet oder verdrängt. Somit wird auch hierdurch die Wahrnehmung des Körpers als Teil des eigenen Ich reduziert.

Bei solchen Personen kann eine klare Zuordnung von aufkommendem Gefühl einerseits und einem dadurch initiierten und der emotionalen Stärke der auslösenden Situation angemessenen Handeln andererseits häufig nur unzulänglich gewährleistet werden.

Eine Untersuchung an Patienten der Abteilung für Psychiatrie an der Harvard University zeigte eindrücklich, was neurobiologisch in einer solchen Situation passiert.

Patienten wurde während einer MRT - Untersuchung ihr Trauma erneut geschildert. Es wurden Bilder vom Gehirn angefertigt, während die Patienten ihr Trauma im Geiste erneut „erlebten".

Die Ergebnisse waren eindrucksvoll: Während der Schilderung wurde die Amygdala sichtbar aktiviert, gleichzeitig nahm die Aktivität im visuellen Kortex (also dem Sehzentrum) zu.

Der Film lief sozusagen erneut vor dem inneren Auge ab und erzeugte dabei Angst (64).

Ebenso konnte die Untersuchung zeigen, dass das Sprachzentrum der Betroffenen abgeschaltet wurde, während das Kopfkino ablief.

Dies passt zu den Schilderungen traumatisierter Patienten, die häufig erklären, dass ihnen beim erneuten Erleben dieser Situation sprichwörtlich die Worte fehlen.

Eine weitere Erkenntnis ließ sich daraus ableiten:

Die neurobiologischen Abläufe waren in gewisser Weise automatisiert und ließen sich nicht ohne Weiteres beeinflussen. Es ist mittlerweile bewiesen, dass eine akute Stress-situation unsere rationale Handlungsfähigkeit blockieren kann (3).

Besonders tief verwurzelt bleiben die automatisierten neurologischen Verdrahtungen bei auslösenden Reizen, die sehr stark emotional aufgeladen waren, oder bei schwerwiegenden Eindrücken, die sich in der individuellen Entwicklung über einen längeren Zeitraum hinweg häufig wiederholt haben.

Das bedeutet, ein einmaliges schwer traumatisierendes Erlebnis kann ebenso zu einer automatisierten Reaktion führen, wie ein weniger schwer traumatisierendes Ereignis, das aber über einen längeren Zeitraum immer wieder auftritt.

Liegt so eine Situation vor, kommt es bei einer Aktivierung solch einer Reiz-Reaktionskaskade regelmäßig zu besonders eindrücklichen Phänomenen: Ein für den außenstehenden

Betrachter vermeintlich schwacher Reiz löst bei der beobachteten Person eine unangemessene Reaktion aus.

Dieser für den Beobachter vermeintliche Bagatellreiz hat jedoch für den Betroffenen eine so starke emotionale Ladung, dass schon der Gedanke an eine ähnliche Situation oder ein damit verbundenes bestimmtes Geräusch ein Verhalten auslösen kann, das in seiner Ausprägung unangemessen erscheint.

Darüber hinaus spielt sich dieses reflektorische Verhalten auf einer Bewusstseinsebene ab, die nicht unmittelbar zu beeinflussen ist. Somit wirken die Betroffenen in dieser Phase wie ferngesteuert.

Die Betroffenen versuchen daher, die Erinnerungen an das Erlebte zu vermeiden, und sind ständig darum bemüht, die damit zusammenhängenden Gefühle zu unterdrücken.

Dies führt meist zu sozialem Rückzug und mündet in eine soziale Abwärtsspirale.

Gefühle wie Angst und Selbstzweifel gewinnen die Macht über den Alltag, eine schwere Depression stellt sich ein.

Häufig werden von den Betroffenen vermehrt Medikamente, Alkohol oder gar Drogen konsumiert.

Eine solche posttraumatische Belastungsstörung kann nicht ohne Behandlung ausheilen, sondern wird in der Regel psychotherapeutisch aufgearbeitet.

Die oben beschriebene schwere Form der Belastungsstörung ist glücklicherweise nicht immer das Ergebnis eines jeden traumatischen Ereignisses.

Die meisten Menschen durchlaufen zwar mindestens einmal im Leben eine traumatische Situation, aber nur ein kleiner Anteil von ihnen entwickelt eine ausgeprägte Störung. Dennoch führen auch geringere traumatische, die Seele belastende Ereignisse gehäuft zu einer dissoziativen Störung im weitesten Sinne, auch wenn sie emotional nicht so beladen sind wie die in den oben beschriebenen Situationen.

Hier spielt dann oft die Dauer wiederkehrender Ereignisse eine wesentliche Rolle.

In milder Form können wir dieses Phänomen regelmäßig im Alltag selbst erleben. Es entstehen typische, immer wieder reproduzierbare Verhaltensmuster, wie sie jeder von sich selbst oder aus seiner Beziehung kennt.

Die emotionale Ausrichtung mag unterschiedlich sein, aber der Mechanismus, der dahinter steckt, ist der gleiche.

In all diesen Situationen löst ein Reiz die entsprechende Reaktion aus, weil in der Vorgeschichte etwas im neurobiologischen Sinne gelernt wurde, was mit einer verstärkten Emotion aufgeladen war.

Im psychologischen Kontext sprechen wir auch hier von traumatischen Erlebnissen als Ursache für ein im Auge des Betrachters unangemessenes Verhalten.

Im Hinblick auf Sexualstörungen ist es durchaus denkbar, dass eine schlechte Erfahrung im Rahmen der Sexualität auf eine ähnliche Weise zu einer schwer beeinflussbaren Reaktion führt.

So berichten mir Männer immer wieder, dass sie nach der Erfahrung einer ausgebliebenen Erektion oder eines vorzeitigen Samenergusses bei einer neuerlichen sexuellen Annäherung mit der Sorge ins Rennen gehen, dass sich der Umstand wiederholen könnte.

Bedenken wir, dass wir im Augenblick der Erregung dann nur noch schwer klare Gedanken fassen können, wird verständlich, dass diese emotional aufgeladene Erfahrung eine Kaskade auslöst, die rational kaum zu beeinflussen oder gar zu durchbrechen und aufzuhalten ist.

Eine sexuelle Niederlage trifft den Mann hart und rüttelt tief im Inneren am männlichen Selbstwertgefühl. Somit ist dieses Erlebnis in besonderer Weise emotional aufgeladen und wird als solches entsprechend abgespeichert.

In diesem Zusammenhang ist mir ein junger Patient in Erinnerung geblieben, der mich wegen eines ähnlich gearteten Zusammenhangs konsultierte.

Er war nach einer drei Jahre dauernden, glücklichen und aus seiner Sicht auch sexuell durchaus munteren und befriedigenden Beziehung von seiner Partnerin verlassen worden mit der Begründung, sie finde ihn insgesamt sexuell nicht ausreichend attraktiv genug, um mit ihm zusammen bleiben zu können. Er hingegen war bis zu diesem Zeitpunkt glücklich gewesen und hatte bereits Pläne geschmiedet, in naher Zukunft mit dieser Partnerin eine Familie zu gründen.

Der Schlussstrich seiner Lebenspartnerin hatte ihn also völlig unvorbereitet ereilt.

Als er mich aufsuchte, waren seit der Trennung bereits zwei Jahre vergangen.

Im Laufe der Zeit hatte er sich nach einer Phase der Erholung von diesem schmerzhaften Verlust immer mal wieder mit Frauen getroffen, doch zur Intimität hatte er es nie kommen lassen, da er Angst vor einer neuerlichen negativen Bewertung hatte.

Für einen Außenstehenden war dieser Umstand schwer nachvollziehbar. Der Mann war Mitte 30, durchaus attraktiv, ein sportlicher Typ, gutaussehend. Beruflich etabliert und zufrieden, wünschte er sich nun eine Familie.

Eine Frau kennenzulernen war für ihn kein Problem, doch bereits bei dem Gedanken an Sexualität überkam ihn die Angst davor, diese Frau könne ihn ebenso sexuell unattraktiv finden und er könne erneut verlassen werden.

Er hatte es nicht einmal mehr versucht.

Warum kann das Erleben einer unbefriedigend verlaufenden sexuellen Interaktion sich durch eine hohe emotionale Ladung so tief in unser seelisches Gedächtnis brennen?

Die übergeordneten Traumata, die chronisch wirken, sind sowohl das unbefriedigt bleibende emotionale Gleichgewicht der Grundbedürfnisse des Mannes als auch die in Ermangelung einer Leitstruktur fehlende innere Definition von uns selbst.

Zur Kompensation definieren wir uns im Außen –mit Macht, Status, Erfolg oder einem starken Körper voller Manneskraft.

Dadurch aber wird die Distanz nach innen immer größer und ein Kontakt zu unserem Seelenleben kann nicht mehr hergestellt werden.

Wenn nun also diese Männer in die Sprechstunde des Arztes kommen und die Untersuchungsergebnisse derart ausfallen, dass sich keinerlei organische Störung ausmachen lässt, wird der Patient häufig zum ersten Mal mit einer Situation konfrontiert, in der die bisher gut funktionierenden Denkstrukturen und Lösungsstrategien nicht mehr funktionieren.

Wenn die Hilfe zur Lösung des Problems nicht von außen kommen kann, dann muss der Ansatz wohl innen zu finden sein.

Wie aber navigieren wir zum Kern der Angelegenheit?

Und – sollten wir jemals dort ankommen–

wie definieren wir die Aufgaben, an denen wir wachsen und gesunden können?

Dieser Frage gehe ich im folgenden Teil des Buches nach.

II Veränderung

Selbstverantwortung

Vom Marktwert zum Selbstwert

Heutzutage gehört es zur Allgemeinbildung, zu wissen, wie man besonders gut *wirkt*, denn wir stehen unter ständiger Beobachtung, die Welt ist gläsern, niemand entkommt dem Rampenlicht im Zeitalter von www.

Den Jugendlichen von heute fällt es damit leicht, denn sie haben etwas anderes in ihrem Leben nicht kennengelernt.

Doch jeder kann lernen, wie man gut *wirkt*, auch die Vertreter der älteren Generationen.

Facebook oder Instagram verschaffen uns die richtige Arena zur Selbstdarstellung, die kreativen Werber zeigen uns, wie unser ideales Abbild zu sein hat.

Deutlich weniger Vertreter unserer Spezies wissen heute allerdings noch, wie man authentisch und „man selbst" ist.

Woher auch, alleine die gute Wirkung zu dokumentieren kostet Zeit und Energie, und das wird ja sozusagen nebenbei erledigt – on top, unabhängig vom Job und anderen Verpflichtungen.

Für den Mann steht dabei in der Außenwirkung die Karriere an Position 1, daneben spielen besonders die Wirkung und die Funktion des Körpers eine große Rolle und erfordern entsprechende Zuwendung, die ein besonderes Zeit- und Trainingsmanagement erforderlich macht.

Kaum eine Prüfung fällt so hart aus wie der morgendliche Blick auf das nackte Spiegelbild!

Auf diese Weise schaffen und erhalten wir uns aber selbst ein Mindset, welches kaum Platz lässt, sich selbst einmal von innen kritisch zu betrachten. Der Fokus liegt dauerhaft im Außen.

Das wird spätestens in der Krise zum Problem, denn was wir benötigen, um dem Leben *wirklich* einen Sinn zuzufügen, kommt von innen.

Alles, was wir brauchen, um in einer Beziehung miteinander überleben zu können, entspringt aus geistigen und seelischen Ressourcen. Charakterzüge wie Humor, Scharfsinn, Kreativität oder auch Empathie, die unserem bewussten Handeln Bedeutung beimengen können, sind von außen für Andere nicht sichtbar, sondern nur *wahrnehmbar*.

Diese inneren Potenziale benötigen aber ebenfalls Zuwendung und auch ein gewisses „Training", um sich zu entwickeln.

Doch dafür gibt es keinen Platz in unserem Terminkalender.

Das Ergebnis: Sie verkümmern.

Wollen wir dem jedoch entgegenwirken, müssen wir uns wohl von dem Gedanken verabschieden, dass die Beurteilung der Qualität unseres Daseins nur von außen kommen kann.

Der Weg führt weg vom Marktwert und hin zum Selbstwert.

Bei genauerer Betrachtung fällt das vielleicht gar nicht so schwer, denn wen hat noch nie das leise Gefühl beschlichen, an einem Abend in größerer Runde einem ungefragt aufgeführten olympisch anmutenden Wettstreit über die Qualität des eigenen Lebens beizuwohnen? Mit etwas Abstand betrachtet, gleicht so mancher Abend einer nicht enden wollenden geistigen Zurschaustellung von Erfolgen, Wirtschaftsgütern, Urlaubseindrücken.

Was hierbei unserem Einblick jedoch vorenthalten wurde, sind die dahinter verborgenen *Persönlichkeiten*.

In der Rückschau bleibt dann häufig ein schaler Nachgeschmack.

Es lohnt sich, für die Innenschau Platz im Kalender zu schaffen, denn mit zunehmender Dauer dieser Form des gesellschaftlichen Miteinanders sieht alles ohnehin schlechter aus: Die Geschichten werden langweilig, die Performance verliert an Strahlkraft und auch unser ewiger Verbündete, der Körper, schwächelt. Der Aufwand, der zur Aufrechterhaltung dieser Werbeveranstaltungen betrieben werden muss, steigt immens.

Im Hintergrund dämmert weiterhin die Ahnung, dem Leben keinen nachhaltigen Sinn gegeben zu haben.

Spätestens jetzt werden uns die im vorherigen Abschnitt beschriebenen Wirkungen von dauerhaft wirkendem Stress heimsuchen und sich mit all seiner subtilen Wirkkraft konsequent ausbreiten.

Hier bereits können wir selbst Verantwortung übernehmen.

Wenn wir uns im Leben ausschließlich Ziele setzen, deren Triebfeder eine positive Bewertung von außen ist, werden sich diese als in der Tiefe unbefriedigend herausstellen und eine ganzheitliche Gesundheit torpedieren.

Wenn wir uns jedoch mutig nach innen wenden, können wir unsere Lebensziele auf für uns heilsame Weise verfolgen.

Gleichzeitig verschafft uns die zunehmende Unabhängigkeit von äußeren Wertmaßstäben einen höheren inneren Freiheitsgrad und ein zunehmendes Maß an innerer Sicherheit.

Es lohnt sich also, das innere Feuer zu entfachen.

Ein indischer Weiser soll seine Schüler in diesem Zusammenhang mit folgenden Worten provoziert haben: „Euer Problem ist nicht, dass ihr Wünsche habt. Euer Problem ist, dass ihr euch mit zu wenig zufriedengebt. Warum wollt ihr nicht alles haben?"

Heute sieht die Antwort etwa so aus:

-Weil wir nicht gelernt haben, innerlich frei zu sein.

-Weil wir dieses tiefe Gefühl inneren Friedens nicht mehr abrufen können.

-Weil wir instabilen äußeren Leitstrukturen folgen.

In meinen täglichen Begegnungen mit Männern erlebe ich die kreativsten Auswüchse dieser nach außen gerichteten Persönlichkeitsdefinitionen, die die Männer konsequent ausagieren, um sich abzugrenzen und für den Wettbewerb in Position zu bringen.

Folgende vier Kategorien zeigen typische, sich wiederholende Grundmuster in der Außendarstellung:

Typ 1 nenne ich den **Maschinenmann**.

Zu dieser Kategorie gehören alle diejenigen, die ihre Männlichkeit im weitesten Sinne auf körperlicher Ebene definieren und erleben.

Der Klassiker dieser Gruppe ist der leistungsorientierte *Sportler*, der hart trainiert, Trainingspläne entwirft und diese genau einhält. Für ihn finden Befriedigung und Entwicklung von Selbstwert auf dem Spielfeld, dem Tennisplatz oder auf der Straße beim Marathonlauf im Kampf gegen sich selbst statt.

Eine Variante dieser Kategorie ist der *aggressive* Typ.

Männer mit dieser Persönlichkeitsdefinition sind ebenfalls körperbetont, scheinen jedoch ein archaisches Modell des männlichen Kriegers als Leitfigur verinnerlicht zu haben.

Der Wahlspruch lautet: Männer sind von Natur aus aggressiv. Männer brauchen Feinde, sie sind Jäger, keine Wanderer. Männer haben eine Aufgabe zu erledigen und wenn sie es nicht tun, sind sie schwach.

Typ 2: Der **schwingungslose Mann**

Dieser Kategorie lassen sich diejenigen Vertreter unseres Geschlechtes zuordnen, die sich auf keine emotionalen Auswüchse einlassen können oder wollen.

Dies zeigt sich über eine spürbar kalte Distanz zu allem, was in deren Umfeld geschieht. Auch bei sich selbst versucht der Mann, Gefühle außer Acht zu lassen.

Im Gespräch berichtet er über sich selbst eher unbeteiligt wie ein neutraler Nachrichtensprecher.

Eine Variante dieser Kategorie ist der „kindliche Spaßvogel".

Er schafft Distanz zu den Emotionen, indem er mit Witz über sein Anliegen berichtet und alles ins Lächerliche zieht.

Er hat immer einen Spruch auf den Lippen oder neigt dazu, seine Belange zu verniedlichen.

Typ 3: Der **souveräne Mann**

In dieser Kategorie findet sich der *materialistisch erfolgreiche* Mann. Er kommt zum Gespräch und man spürt förmlich: Zeit ist Geld. Hier wird nicht viel drum herumgeredet. Das Problem wird benannt und eine Lösung muss auf den Tisch. „Geht nicht gibt's nicht." - Egal wie teuer das auch sein mag.

Die Variante dieser Kategorie ist der *intellektuell dominierende* Mann. Er weiß einfach alles. Er übernimmt schnell die Gesprächsführung und erklärt, worum es geht und wie die Lösung auszusehen hat. Eigentlich braucht er keine Hilfe, manchmal jedoch setzt ihm das System Grenzen und er muss die Unterstützung durch Andere in Anspruch nehmen, obwohl er diese eigentlich nicht benötigt.

Typ 4: Der **bipolare Mann**

Zu dieser Kategorie gehören die beiden archaischen Modelle unseres Geschlechts.

Der Klassiker ist der *Alphamann*. In seiner Wahrnehmung gibt es nur Alpha oder Betamännchen. Er hat sich für Alpha entschieden und kann nur Alpha. Alphas sind die Gewinner, Betas sind die Verlierer. Wo er ist, ist vorne.

Die Variante in dieser Kategorie ist der *Draufgänger*.

Er kennt keine Angst. Sein Credo lautet: Männer müssen Risiken eingehen und nicht den Tag damit verbringen, über die möglichen Konsequenzen nachzudenken. Für ihn gibt es Männer und Weicheier.

Dieser Typ Mann betreibt Extremsportarten. Beiläufig berichtet er über körperliche Verletzungen durch Stürze, Wettkämpfe oder Motorradunfälle.

Viele Männer haben sich auf diese oder andere Weise eine eigene Definition ihrer Persönlichkeit und Männlichkeit erschaffen. Die genannten Kategorien bilden keinesfalls sämtliche Blüten der Persönlichkeitsdefinition ab, können aber hilfreich sein, um einen ersten Zugang zu einem Gespräch zu verschaffen. Gleichzeitig wird auch deutlich, welcher Aufwand betrieben werden muss, um diese Rolle täglich konsequent auszufüllen.

Im Ergebnis ist es egal, ob wir uns in Kategorie 1, 2, 3 oder 4 oder woanders einordnen. Unsere Rolle spiegelt nicht die *wahre Persönlichkeit* wider, sie dient lediglich dazu, wie oben bereits erläutert, uns Männer in Ermangelung einer inneren Leitstruktur zu schützen.

Doch dieser Schutzmechanismus verschleiert nicht nur unsere wahre Persönlichkeit, er kann auch Schaden anrichten.

Das Ausmaß wird ersichtlich, wenn wir uns in Ruhe und mit Abstand in unserem Umfeld umsehen:

Welche Rolle spielen wir als Vater, Partner und Freund?

Sind wir in Kontakt mit uns selbst gekommen?

Haben wir wirklich etwas im Leben mit Leidenschaft und innerem Feuer vorangebracht?

Welchen Preis hat unser Umfeld dafür zahlen müssen, dass wir unser gefälschtes Selbstbild aufrechterhalten haben?

Welchen Preis haben wir selbst dafür bezahlt?

Es lohnt sich, diesen Fragen rechtzeitig und sorgsam nachzugehen, denn wenn unser konstruiertes Selbstbild plötzlich nicht mehr funktioniert, können die Auswirkungen der folgenden Orientierungslosigkeit und die dann akute Konfrontation mit genau diesen Fragen verheerend sein.

Um den Auswirkungen eines solchen Identitätsverlustes auf die Spur zu kommen, hat eine Arbeitsgruppe am Institut für Soziologie an der Universität Leicester die Karriere einer Gruppe von professionellen Footballspielern verfolgt.

Die 2003 veröffentlichten Ergebnisse zeigten, dass die Spieler während ihrer aktiven Zeit bereit waren, trotz Verletzungen und Schmerzen auf den Platz zu gehen, um ihren Status und ihre Reputation nicht zu gefährden. Langzeitverletzte hatten es der Studie zufolge als einen deutlichen Verlust des Selbstwertgefühls erfahren, nicht mehr als Profi antreten zu können (71).

Die Wahrnehmung durch Andere implizierte offenbar auch hier maßgeblich das eigene, persönlich empfundene Selbstwertgefühl. In dieser Konstellation ist der bevorstehende Einschnitt in das persönlich erlebte Leben durch das Karriereende allerdings häufig absehbar und kann vorbereitet werden, dennoch schaffen es viele auch hier nicht, unversehrt aus dieser Übergangsphase herauszukommen.

Doch nicht jeder ist Profisportler, dessen Karriere planbar zu Ende geht.

Wer sein Selbstwertgefühl auf einer konstruierten Persönlichkeit aufbaut, die vor allem durch die Bewertung Anderer lebt, begibt sich in die Gefahr eines plötzlichen Zusammenbruchs, dessen Zeitpunkt man selbst *eben nicht* bestimmen kann. Wenn der Wind plötzlich dreht oder ein Sturm aufzieht, müssen wir wissen, was zu tun ist, sonst drohen Schiffbruch und Untergang.

Besonders bei Männern scheinen solche Szenarien allerdings zu extremen Konsequenzen zu führen.

Im Jahre 2007 wurde im Journal of Mens´ Studies eine Arbeit veröffentlicht, in der die Beziehung zwischen männlicher Ideologie und Einsamkeit untersucht wurde. Männer, die Bildern, die in Gruppen Gleichaltriger definiert wurden, nicht entsprachen, wurden abgelehnt und neigten als Reaktion darauf zu extremem Verhalten im Hinblick auf Alkoholkonsum oder wechselnde sexuelle Partnerschaften.

Beides mündete letztlich in Rückzugsverhalten und Isolation (6). Damit war ein Teufelskreis vorgezeichnet.

Glaubt man dem jährlichen Abschlussbericht des FBI aus dem Jahre 2015, werden nahezu 88 % aller Morde von Männern begangen.

Auch die Selbstmordrate unseres Geschlechts ist in der westlichen Welt deutlich höher als bei Frauen (56).

Bereits im Jahre 1988 wurde im Fachjournal Comprehensive Psychiatry eine Studie veröffentlicht, die eine sechsfach höhere Suizidinzidenz bei Männern als bei Frauen belegte (58).

Eine Untersuchung zur Suizidprävention in der Schweiz, deren Resultate 2016 im APA Handbook of Man and Masculinities veröffentlicht wurden, bestätigte diese Ergebnisse und fasste ursächlich zusammen:

„Frauen suchen Hilfe, Männer sterben" (79).

Diese Erkenntnisse sind alarmierend.

Doch es ist schwer, man selbst zu sein. Das zeigen uns Männern bereits die Jungs im Kindergarten, denen in Vorbereitung auf die gesellschaftlichen Anforderungen neben Musikunterricht, Sport und Fremdsprachenkurs kaum Zeit zum Spielen und Toben bleibt, um sich wirklich einmal *selbst zu erfahren*. Wie sollen wir Männer da vorangehen, wenn wir unsere Söhne derart auf das Leben einschwören?

Es geht nur über einen Perspektivwechsel.

Wir müssen in uns selbst hineinschauen, um an den Kern unseres Daseins zu gelangen.

Damit meine ich nicht den psychologischen Blick allein.

Dieser ist zwar erkenntnisreich, doch zugleich bietet er auch die Gefahr einer Ausrede, die unsere Expedition nach innen zu früh an ein vermeintliches Ende gelangen lässt: Wir decken gewissermaßen historisch bedingte Defizite auf und versuchen nun, diese mit intellektuellem Verständnis bei unseren Nachkommen zu vermeiden.

Nein, das reicht nicht. Gemeint ist mehr als der tiefe Blick. Es geht neben dem Hineinschauen vielmehr noch um ein Hineinspüren, Hineinhorchen, Tasten, eine Annäherung mit allen Sinnen *und* dem Verstand, um die Essenz dessen herauszubekommen, wer oder was wir jenseits unseres personifizierten Selbstgefühls wirklich sind.

Wie gelingt Veränderung?

Wie verändern sich Menschen?

Wie wir bereits gesehen haben, ist es neurowissenschaftlich kein Problem mehr zu erklären, wo im Gehirn unsere Emotionen lokalisiert sind und wie sie sich über Botenstoffe ausbreiten.

Es ist jedoch bisher kein Weg beschrieben, wie man unangenehme oder unerwünschte Gefühle wie Angst, Traurigkeit oder Wut verändern, umwandeln oder gar endgültig abschalten kann. Diese Gefühle bestimmen unsere Handlungsmuster und sind verantwortlich dafür, wo wir im Leben stehen und wie es uns geht.

Wenn man hier eine Veränderung wünscht, wie kann das gehen?

Haben wir erst verstanden, dass Veränderungen nur dann sinnvoll sind, wenn wir nicht die Anderen, sondern uns selbst verwandeln, stehen wir sprichwörtlich auf dem Schlauch, denn die Umsetzung ist schwierig.

Ein häufig gewählter Weg führt über den Vorsatz der Selbstkontrolle. Wir nehmen uns etwas vor und stellen einen Plan auf, der akribisch eingehalten werden soll, damit es funktioniert.

Die Erklärung zur Notwendigkeit dieser Handlung läuft auf kognitiver Ebene ab. Die Argumentation macht Sinn und scheint wasserdicht zu sein.

Dennoch gehen diese Konzepte allzu häufig nicht auf.

Sie funktionieren nur kurzfristig und enden in Selbstvorwürfen und Schuldgefühlen über das eigene Versagen.

Die im willkürlichen Gedächtnis festgelegten Erinnerungen an die Umsetzung reichen offenbar nicht aus, um das Ziel zu erreichen.

Warum schwindet die Kraft der Überzeugung im Laufe der Zeit?

Der Neurowissenschaftler Antonio Damasio, der vor allem durch seine Bewusstseinsforschung auf sich aufmerksam machte, hat in diesem Zusammenhang auf die Bedeutung des emotionalen Gedächtnisses hingewiesen.

Die Aktivitäten im emotionalen Gedächtnis entgehen meistens unserem Bewusstsein, aber es geschieht etwas durchaus Bemerkenswertes: Das emotionale Gedächtnis erinnert sich nicht an willkürlich erdachte Strategien, sondern es macht sich für seine Erinnerungsleistung sogenannte „somatische Marker" zunutze, die deutlich intensiver wirken als ein guter Vorsatz.

So ein Marker kann vielfältig sein. Typisch wäre das Gefühl von Schmetterlingen im Bauch bei frischer Verliebtheit oder das Gefühl eines warmen Schauers, der sich durch den Körper ergießt, wenn man merkt und fühlt, dass jemand oder etwas einen zutiefst berührt.

Es handelt sich also um tief wirksame Gefühle, die oft mit einer körperlichen Reaktion einhergehen, die man nicht oder nur schwer willkürlich auslösen kann.

Diese Gefühle vermitteln uns Wahrheiten, die tiefer begründet sind, als das, was aus dem Verstand alleine kommt.

Ins emotionale Gedächtnis schafft es ein Ereignis aber nur, wenn es uns emotional bewegt. Je tiefer uns das Ereignis dabei erreicht, desto fester sitzt die Erinnerung.

Aus dieser Tiefe kommt die Kraft, die unser Verhalten kreativ und nachhaltig werden lässt.

Rollin McCrathy, Forschungsdirektor des HeartMath Institute und Professor an der Claremont Graduate University, sagt hierzu:

„Die Erfahrung zeigt uns, dass die tiefgreifendsten Gedanken diejenigen mit der größten emotionalen Kopplung sind. Gerade weil Gefühle einen so mächtigen Einfluss auf unsere kognitive Aktivität haben, haben wir an unserem Institut entdeckt, dass es am effektivsten ist, auf der emotionalen Ebene anzusetzen, um mentale Muster und Prozesse zu verändern."

Das emotionale Gehirn, das entwicklungsgeschichtlich deutlich älter ist als der Neocortex (neo=neu), ist nicht nur anders aufgebaut als die neueren Hirnanteile, es scheint auch anders zu funktionieren.

Sprache hat im Hinblick auf kognitive Funktionen der neueren Hirnanteile eine wesentliche Bedeutung erlangt, sie hat jedoch nur einen begrenzten Einfluss auf das emotionale Gehirn. Wir können einem Gefühl nicht „befehlen" zu verschwinden oder an Intensität zuzunehmen.

Wenn in unserem Leben etwas nicht stimmt, was uns über unser Gefühlsleben mitgeteilt wird, ist die Ursache im weitesten Sinne eine Störung dieses emotionalen Gehirns.

Die Ursachen hierfür liegen jedoch nicht immer sofort auf der Hand.

Häufig sind sie schon länger präsent und haben ihren Ursprung in wiederkehrenden schmerzlichen Erlebnissen oder rühren aus der Vergangenheit an unser Wohlbefinden, doch wir haben keine Ahnung von diesen Zusammenhängen.

Erst wenn diese Kausalität hergestellt werden kann, haben wir die Chance auf Veränderung.

Das Ziel muss dann sein, die Störung aus unserem emotionalen Gehirn zu entschärfen. Dies gelingt nur, indem wir unser emotionales Gedächtnis in gewisser Weise umprogrammieren.

Wie wir gesehen haben, ist das über die Sprache kaum möglich, sehr wohl aber über Gefühle, was die Sache schwierig macht, denn Gefühle lassen sich nicht erschließen wie ein Sinnzusammenhang.

Wir müssen also ernsthaft lernen, Gefühle wahrzunehmen und zu benennen, damit wir damit arbeiten können.

Der Veränderungsmechanismus funktioniert somit nur über die Reise nach innen, zu einem Raum, in dem wir emotionale Harmonie und tiefes Wohlbefinden schaffen müssen.

Diesen Weg zu beschreiten ist eine Aufgabe, die besonders Männern nicht leicht zu fallen scheint.

Die Bedeutung dieser Zusammenhänge reicht jedoch weit über das individuelle Wohlbefinden und persönliche Veränderung hinaus. Emotionale Bewusstheit ist ein Motor für Erfolg auf verschiedenen Ebenen.

So haben Studien an Studenten der Eliteuniversität Harvard, deren Lebensläufe über Jahrzehnte verfolgt wurden, gezeigt, dass gute Noten in Prüfungen allein mit beruflichem Erfolg, Familienglück und Freundschaftsbildung im sozialen Umfeld nicht korrelierten.

Umgekehrt zeigte eine Untersuchung an Menschen aus einem Armenviertel in einem Vorort von Boston, dass die Fähigkeit, emotional angemessen auf Benachteiligungen zu reagieren sowie Freundschaften und Kooperationsverknüpfungen zu schaffen, die wesentliche Voraussetzung für späteren Erfolg darstellte. Fertigkeiten also, die nicht primär mit rationaler Intelligenz, sondern mit sozialer Kompetenz zu tun haben (21).

Das Portfolio an Fähigkeiten auf dieser emotionalen Ebene bezeichnen wir als *emotionale Intelligenz*.

Im Jahre 1990 prägten die amerikanischen Forscher und Professoren für Psychologie, Peter Salovey von der Yale University und John D. Mayor von der University of New Hampshire, diesen Begriff. Sie veröffentlichten über Jahre hinweg mehrere Forschungsarbeiten zu diesem Thema und publizierten gemeinsam mit David Caruso, einem dritten Forscher im Bunde, eine Definition zum Begriff der emotionalen Intelligenz (45). Sinngemäß heißt es: *Emotionale Intelligenz* umfasst die Fähigkeit, sich auf eine differenzierte Informationsverarbeitung über die eigenen und fremden Emotionen einzulassen, sowie die Fähigkeit, diese Informationen als Leitfaden für Denken und Verhalten zu verwenden.

Das bedeutet: Menschen mit hoher emotionaler Intelligenz sind sensibel für Emotionen bei sich *und* bei Anderen, achten auf diese, setzen sie ein, verstehen sie und verwalten sie.

Diese Fähigkeiten ermöglichen es ihnen, Anpassungsfunktionen vorzunehmen, die wiederum in Handlungsabläufe münden, welche sich selbst und Anderen potenziell zugutekommen.

Eine wesentliche Voraussetzung, um diese Fähigkeiten zu erlernen, ist die Möglichkeit, Gefühle bewusst wahrnehmen zu können.

Diese *emotionale Kompetenz* eröffnet erst die Möglichkeit, emotionale Intelligenz auszubilden und entsprechende Anpassungsreaktionen -also Veränderungen- in seinem Leben vorzunehmen.

Wer nichts bewusst fühlen kann, ist auch nicht dazu in der Lage, diese emotionalen Informationen zu verarbeiten.

Hier liegt der Schlüssel für Veränderungen.

Die Kommunikation zwischen emotionaler Intelligenz und emotionaler Kompetenz findet hierbei nicht über den Verstand, sondern über körperlich spürbare Marker, also starke Emotionen und innere Bilder, statt und ist entscheidend dafür, wie wir unser Leben mit Sinn füllen.

Nur aus einem inneren Antrieb kommt die Kraft, die uns zu einer nachhaltigen Veränderung im Leben kommen lässt.

Der Zugang zur emotionalen Kompetenz und darüber zur emotionalen Intelligenz ist der einzige Weg, auf dem wir zu unserem tiefsten Selbst kommen und wo der Schlüssel für die persönliche Bestimmung zu holen ist.

Wir müssen also lernen, sprichwörtlich auf unsere tiefsten Gefühle, auf unser Herz zu hören, wenn wir eine Veränderung an uns vornehmen wollen, die weitreichende Auswirkungen auf unser seelisches wie körperliches Wohlbefinden hat.

Vom Umgang mit Gefühlen

Neurowissenschaftlich kann man klar zuordnen, wo Gefühle entstehen: Im limbischen System, unserem emotionalen Gehirn. Hierbei wird der erste Sinneseindruck im Thalamus aufgenommen und die Impulse werden direkt an das limbische System weitergeleitet.

Dieser erste Reiz, der den Thalamus anregt, ist noch ohne jegliche rationale Interpretation, da die hierfür verantwortlichen Areale des Gehirns noch nicht erreicht worden sind. Der Reiz führt zunächst lediglich zu einer Spannung, erst wenn die höher gelegenen Hirnareale den Reiz unter Zuhilfenahme unserer Erfahrungen interpretieren, bekommt der Sinneseindruck eine definierte emotionale Konnotation, wir spüren also Gefühle wie Angst, Wut, Ärger oder Glück.

Diese Beladung des ursprünglichen Sinneseindrucks geschieht innerhalb von Bruchteilen einer Sekunde, den Vorgang an sich bemerken wir nicht, lediglich das Ergebnis.

Diese Interpretationen finden immer individuell statt und sie müssen auch nicht immer gleich aussehen. Sie können von Tag zu Tag oder je nach Stimmungslage unterschiedlich ausfallen. Meist lassen sich jedoch für jede Person bestimmte Muster erkennen, nach denen diese Beladungen erfolgen. Die sich wiederholenden Muster führen zu einer gewissen charakterlichen Prägung, die einen Teil der Persönlichkeit des Menschen ausmacht.

Wenn wir also an uns arbeiten wollen, ist es wichtig, sich auf die Suche nach den eigenen typischen Reaktionsmustern zu begeben.

Hier liegt eine große Chance, Eigenverantwortung zu übernehmen.

Häufig ist diese Vorgehensweise besonders für uns Männer nicht ganz einfach und nicht selten wird hier Hilfe durch einen objektiven Betrachter erforderlich. Diese Aufgabe kann möglicherweise ein guter Freund übernehmen.

Nicht immer ist ein Therapeut zur Unterstützung erforderlich, kann aber sicher hierbei ebenfalls sehr gute Dienste leisten, wenn der Einstieg in diese Tätigkeit nicht gelingen mag.

Was tun wir nun mit den aufgedeckten Mustern?

Wichtig scheint mir hierbei, dass die Enttarnung dieser vermeintlich unbeeinflussbaren Charaktermuster an sich bereits heilsam wirken kann.

Ein zweiter klärender Aspekt ergibt sich, wenn wir uns der Frage nach der Lebensdauer einer Emotion widmen.

Biologisch betrachtet, kann eine Emotion nicht lange leben.

Eine für das Entstehen eines Gefühls benötigte Spannung, die wiederum ihrerseits durch die Ausschüttung eines Neurotransmitters ausgelöst wird, bewirkt im Gehirn oder in einem anderen Organ die Entstehung eines Gefühls. Abbauprozesse führen kurz darauf dazu, dass diese Spannungen geschwächt und ohne neuerlichen Input auch nicht wieder neu aufgebaut werden.

Dieser Prozess dauert nur Sekunden, kaum eine Minute, an. Das Gefühl schmilzt also innerhalb kurzer Zeit unter der Sonne unserer Abbauprozesse dahin.

Die Tatsache, dass wir dennoch über einen ganzen Tag hinweg verärgert sein können, wenn wir uns im Büro aufgeregt haben, oder dass der gesamte Tag gelaufen ist, weil wir schon am Morgen eine Auseinandersetzung mit unserer Liebsten hatten, liegt also nicht an dem biochemischen Dauererregen, der unaufhaltsam auf uns einprasselt. Vielmehr sind wir es selbst, die diesen Zustand aufrechterhalten, denn biochemisch überlebt dieses Gefühl in aller Regel nur wenige Minuten.

Wir selbst sind es, die durch die Gedanken, die wir in Form einer Dauerschleife auf die auslösende Situation verwenden, der Emotion Leben einhauchen.

Wenn uns dieser Prozess klar geworden ist, können wir uns darin schulen, diesen bisher unbewusst ablaufenden Vorgang zu unterbrechen oder gar zu stoppen und die aufkommende Emotion vor ihrer Entladung einfach biochemisch verglühen zu lassen.

Im ersten Schritt ist hierbei von großer Bedeutung, die körperlichen Aspekte dieses Prozesses aufzudecken, da diese gewissermaßen ein Frühwarnsystem unserer emotionalen Entgleisung darstellen.

Wir müssen also herausfinden, *wo* im Körper das Epizentrum des anstehenden Erdbebens lokalisiert ist, also wo sich beispielsweise unser Wutausbruch ankündigt. Ist es eine Irritation im Bauch? Kribbelt es im Brustraum?

Das ist schwer genug und erfordert Übung und Konzentration.

Häufig gelingt es erst im Nachgang, diesen Ort der ersten Empfindung ausfindig zu machen. Dennoch – Übung ist der einzige Weg zum Erfolg.

Im zweiten Schritt lassen wir dann diesen emotionalen Sturm nicht aufkommen, sondern versuchen, ihn abzuwettern und auf Kurs zu bleiben. Wir lösen uns also sozusagen von dem Paradigma der Unausweichlichkeit und betrachten uns und die Situation von oben. Häufig ergeben sich dadurch schon neue Aspekte des Umgangs mit diesen Reaktionsmustern.

Es geht hierbei keinesfalls darum, Emotionalität zu unterdrücken, sondern lediglich das Heft in die Hand zu nehmen, insbesondere dann, wenn emotionale Eruptionen verheerende und letztlich auch ungewollte Konsequenzen für einen selbst oder das Umfeld haben und somit Beziehungen belasten.

Das nötige Rüstzeug, um uns dieser Aufgabe zu stellen, können wir uns ebenfalls selbst anlegen.

Wir brauchen eine gute Beziehung zu einer Person, die außerhalb der Problemzone zu Hause ist, also am besten einen guten Freund.

Darüber hinaus müssen wir lernen, uns wieder gut spüren zu können, damit wir den körperlichen Aspekt der Emotionalität analysieren können.

Zu guter Letzt brauchen wir ein Werkzeug, um uns selbst besser verstehen zu können.

Die folgenden Kapitel geben hierzu eine Leitstruktur.

Männerfreundschaft

Menschen sind Beziehungswesen, und da wir Männer auch Menschen sind, gilt dies ebenso für uns.

Unser gesamtes neurobiologisches Konstrukt ist darauf ausgerichtet, mit anderen Vertretern unserer Spezies in Beziehung zu treten.

Wie bereits im ersten Abschnitt des Buches festgestellt, benötigen wir Interaktionen und Herausforderungen, um zu wachsen.

Gleichzeitig dürstet es uns nach Zuwendung und Geborgenheit.

Beides bekommen wir nicht, ohne mit anderen Menschen in einen Austausch zu treten.

Die sozialen Medien machen es einem leicht, mit Anderen in Kontakt zu kommen, doch das ist nicht gleichzusetzen mit der Form von Freundschaft, die hier gemeint ist.

Jeffrey Hall, Professor für Kommunikation an der Universität Kansas in den USA, publizierte im Jahre 2019 eine Studie, die sich mit der Frage beschäftigte, wie man Freunde gewinnt. Eine wesentliche Erkenntnis lautet: Entscheidend für die Qualität und die Intensität der Freundschaft ist die Zeit, die wir *physisch anwesend* miteinander verbringen. In der Studie wurde Freundschaft als Funktion von miteinander verbrachter Zeit untersucht. Die Ergebnisse stellten folgende Zeitfenster zur Qualität der Freundschaft in Bezug: Nach etwa 50 Stunden gemeinsam verbrachter Zeit kann der Bekannte zu einem Freund werden. Es braucht weitere 90 Stunden, um zu einem guten Freund zu werden. Beste

Freunde benötigen noch mehr Zeit miteinander, etwa 200 Stunden (28).

Freundschaften sind Gradmesser für Glück und Zufriedenheit im Leben.

Aus anderen Untersuchungen wissen wir, dass Freundschaften bereits im Kindesalter eine wichtige Rolle spielen. In einer im Jahre 2015 veröffentlichten Studie konnte gezeigt werden, dass Anzahl und Qualität sozialer Interaktionen in der Kindheit noch 30 Jahre später in Zusammenhang mit Einsamkeit, Gesundheit und Depression stehen (10).

Freundschaften sind also nicht nur wichtig für das persönliche Wohlbefinden.

Wie heilsam diese sozialen Beziehungen sein können, wurde von Julianne Holt-Lunstead, Psychologin an der Brigham Young University, untersucht und im Jahre 2010 publiziert. Sie konnte zeigen, dass der Einfluss guter Freundschaften auf die Sterblichkeit ähnlich hoch ist wie die gesicherten Einflussgrößen Nikotinkonsum oder Alkoholgenuss.

Ebenso scheint die Auswirkung fehlender sozialer Kontakte auf die Gesundheit bedeutender zu sein als Fettleibigkeit und mangelnde körperliche Aktivität.

Fehlende soziale Kontakte sind in etwa so schädlich wie inhalatives Rauchen von 15 Zigaretten pro Tag.

Gute, belastbare soziale Kontakte hingegen steigern die Lebenserwartung um bis zu 15 Prozent (33).

Es liegt also auf der Hand, wie wichtig diese zeitliche Investition in gute Beziehungen ist.

Doch der Anspruch an Männerfreundschaften geht über das Verbringen von gemeinsamer Zeit allein hinaus.

Es geht darum, zwei Seelen in Schwingung zu versetzen.

Nach meiner Erfahrung fällt es Männern besonders schwer, hier den ersten Schritt zu gehen oder sich überhaupt zu öffnen.

Das bedeutet nicht, dass Männer keine Beziehungen haben, aber meist kommen sie in dieser Form der menschlichen Interaktion nicht über eine bestimmte Ebene hinaus.

Freundschaft, so fand bereits Aristoteles, das ist „eine Seele in zwei Körpern".

Das zu erleben, darum geht es bei der Version von Freundschaft, die hier gemeint ist. In dieser Beziehung liegt das Potenzial für Wachstum, Veränderung und Glück.

Wie kommen wir dahin?

Stellen Sie sich vor, sie planen einen Segeltörn. Das Boot und die Mannschaft sind vorbereitet, Sie als Skipper checken das Wetter sowie den Wind und legen dann den Kurs fest. Es versteht sich von selbst, dass Sie in nur eine der vier Himmelsrichtungen lossegeln, obwohl es vier gibt. Norden, Süden, Westen und Osten. Das ist Basiswissen und für jeden nachvollziehbar.

Stellen Sie sich nun vor, dass es im Beziehungsleben der Männer ebenfalls vier Richtungen gibt, in die ein soziales Miteinander -je nach Qualität- führen kann.

Erstens: *Einsamkeit.*

Männer machen viel mit sich allein aus. Probleme, egal ob beruflicher Natur oder auf einer anderen Ebene, werden intellektualisiert und in eine Schublade abgelegt, möglicherweise auch verdrängt. Nach außen wird das Bild unserer Persönlichkeit, das wir mühevoll aufgebaut haben, weiter aufrechterhalten.

Die hier gemeinte Form von Einsamkeit entsteht ebenfalls, wenn man zwar mit einer Person zusammen ist, aber keiner von beiden wirklich bei dem jeweils Anderen gedanklich und emotional andockt. Wir sprechen, ohne ernsthaft miteinander im selben Thema zu sein oder ohne mit wirklichem Interesse zuzuhören.

Zweitens: *Abhängigkeit.*

Viele Beziehungen sind strategischer Natur. Ein gut nachvollziehbares Beispiel ist die Beziehung zu Personen, die beruflich miteinander in Verbindung stehen. Der Chef möchte, dass seine Mitarbeiter Leistung erbringen und dabei genau das tun, was er will. Dafür muss er eine Beziehungsstruktur aufbauen, mit der er das erreichen kann.

Umgekehrt wollen Mitarbeiter die Karriereleiter emporsteigen, eine Gehaltserhöhung einfordern oder einfach nur ihren Arbeitsplatz sichern. Daher richten sie das Verhältnis zu ihrem Chef und den Kollegen strategisch so ein, dass dieses Ziel erreicht wird.

Jede dieser Beziehungen ist durch Abhängigkeiten geprägt und erfordert mehr strategisches Verhalten als grundlegende Ehrlichkeit.

Drittens: *Ersatzbefriedigung.*

Bei all dem Stress und der Einsamkeit brauchen wir ab und zu ein Erlebnis, welches uns spüren lässt, dass alles noch gut läuft.

Die Gestaltung dieser Befriedigung kann sehr vielfältig sein.

Für viele Männer ist es der Sport. So richtig ausgepowert schläft es sich besser, ein Wohlfühleffekt stellt sich ein.

Für Andere kann es ein Treffen mit den „Jungs" sein. Ausgehen, ein paar Bierchen trinken, Champions-League schauen, abtanzen.

Eine weitere Variante sind Belohnungen. Endlich die langersehnte Uhr kaufen, oder einfach shoppen gehen, neue Klamotten tragen.

Das alles tut gut, aber es hält nicht lange vor.

Diese drei genannten Beziehungsformen sind Klassiker, die in meinem Alltag bei meinen Männern immer wieder aufgedeckt werden. Männer befinden sich bei einer Momentaufnahme in einer der drei Situationen oder berichten davon. Bemerkenswerterweise wechseln sich die Situationen im Lebensrhythmus zyklisch ab.

Es scheint einen gewissen Kreislauf zu geben, aus dem ein Entkommen nur schwer gelingt.

Das berufliche Umfeld kultiviert die Kategorie 2.

Abends zollt der Betroffene dem Stress und der Auslastung Tribut und versinkt in Kategorie 1.

Wenn es dann zu viel wird oder wenn es einen beruflichen Erfolg gegeben hat, begeben wir uns in Kategorie 3 und schaffen uns durch diese Ersatzbefriedigung ein kurz andauerndes gutes Gefühl und somit auch genügend Motivation, um genau so weiter zu machen.

Doch es ist wie beim Segeln: Der Wind kann aus vier unterschiedlichen Richtungen blasen, und wenn wir eine Richtung bei unserer Navigationsplanung ignorieren wollen, kommen wir nicht voran.

Bläst der Wind aus Süden, müssen wir einen besonderen Kurs wählen, um nach Süden zu kommen. Wir können nicht voll gegen den Wind segeln, das versteht sich von selbst. Also „kreuzen" wir.

Wir segeln nicht nach Süden, sondern nach Südosten. Nach einer Weile ändern wir den Kurs und segeln nach Süd-Westen. Dann wieder nach Süd-Osten. Das wiederholen wir eine Weile und kommen somit in einem „Zickzack-kurs" Richtung Süden voran.

Blenden wir nun aber die Möglichkeit aus, den Süden in unsere Kursplanung mit einzubeziehen, weil der Gegenwind und der Zick-Zack-Kurs unangenehm sind, können wir uns nur in eine der anderen Richtungen bewegen. Segeln wir also zum Beispiel nach Westen, können wir den Süden zwar mit einem Auge sehen, aber näher heran kommen wir nicht. Wollen wir die Richtung wechseln, müssen wir nach Norden. Hier entfernen wir uns weiter vom Süden, da wir in die entgegengesetzte Richtung segeln, also drehen wir weiter nach Osten. Jetzt können wir den Süden zumindest erneut sehen, aber näher heran kommen wir immer noch nicht.

Stellen wir uns nun vor, im Süden wäre der Kern unserer Persönlichkeit zu finden, im Süden sei unsere Seele beheimatet.

Wir kommen nicht an.

Es braucht dazu die Erweiterung unserer Navigation um die entscheidende vierte Himmelsrichtung. Dann erst können wir den Kurs korrigieren. Wir müssen den Kreuzkurs nehmen und uns auf einen unangenehmen Törn mit Gegenwind einstellen, wollen wir ans Ziel gelangen.

So ist es auch im Beziehungsleben. Hier kommt die vierte Ebene:

Viertens: *Authentizität.*

Dieser vierte Beziehungstyp ist in der Biografie der Männer selten anzutreffen. Gleichzeitig ist er es aber, der die Welt unserer sozialen Interaktionen vervollständigt und persönliches Wachstum bewirkt, in dem er uns aus dem Kreislauf der sich wiederholenden Abläufe herausholt.

Bei dieser Art von Freundschaft geht es darum, sich jemandem gegenüber so zeigen zu können, wie man ist, ohne Angst haben zu müssen, in der Luft zerrissen zu werden. Wir legen unsere Maske ab, die wir entworfen haben und täglich aufsetzen, damit wir im Leben durchkommen.

Hier geht es nun aber um ganz Persönliches, was weder auf dem Sportplatz oder am Arbeitsplatz noch am Tresen besprochen wird.

Persönliche Ängste, tiefe Wünsche, vielleicht Sorgen, heimliche Bedürfnisse und Leidenschaften, die in jedem von uns verborgen liegen, dürfen jetzt zum Vorschein kommen und als Teil von uns gesehen werden.

Freiheit und Verantwortung sowie Wertschätzung sind unerlässlich für diese Beziehungsstruktur, denn wir werden plötzlich angreifbar und zeigen Schwäche. Aber auf diese Weise lernen wir, uns wieder zu spüren und das Feuer, um das es geht, langsam wieder zu entfachen.

Wenn wir es schaffen, diese verborgenen Aspekte unserer Seele neu zu entdecken, dann öffnet sich ein Raum, in dem wir Platz und Perspektiven für persönliche Veränderung finden.

Diese Beziehung ist schwer zu entwickeln.

Sie macht erforderlich, dass wir bereit sind, Zeit dafür zu generieren. Wie oben beschrieben, hilft eine Internetbekanntschaft in diesem Falle nicht – wir müssen physisch anwesend sein und Zeit miteinander verbringen. Dafür werden wahrscheinlich andere Dinge von unserer täglichen To do Liste verschwinden müssen, vielleicht auch der eine oder andere Kontakt.

Es braucht Mut, sich zu öffnen und verletzlich zu zeigen, denn ohne über Schwächen zu reden, geht es nicht.

Diese Beziehungen werden unsere Probleme nicht lösen, aber sie geben uns das Feedback, um an den Kern unserer Persönlichkeit zu kommen.

Auch die anderen drei Beziehungstypen benötigen wir im Leben. Bleiben wir realistisch: Zeit alleine zu verbringen bedeutet nicht nur Einsamkeit, sie kann auch sehr heilsam sein.

Eine kluge Strategie – ohne Anderen Schaden zuzufügen - kann beruflich zum Erfolg verhelfen, und gegen eine gute Party oder Freude an Genuss ist nichts einzuwenden.

Norden-Süden-Westen-Osten.

Nur wenn wir alle diese Möglichkeiten ausschöpfen, kommen wir an unsere Ziele und verhelfen uns selbst – und dadurch auch den Menschen an unserer Seite – zum Glück.

Zurück in den Körper - Yoga statt Feierabendbier

Unser Körper trägt uns, er hält uns am Leben, verbindet uns mit der Außenwelt, kurzum: Wir können nur mit ihm glücklich werden, nicht ohne ihn.

Er verdient unsere volle Aufmerksamkeit, denn er gibt uns, wie wir oben bereits gesehen haben, ständig wertvolle Hinweise auf unseren aktuellen Zustand.

Dies geschieht dabei nicht nur im Hinblick auf die körperliche Fitness, sondern auch bezüglich unseres Geisteszustandes und unserer Gemütslage.

Es gibt keinen körperlichen Zustand, der nicht auch Auswirkungen auf den Geist hat und umgekehrt.

Geisteszustände wie Angst oder Trauer können wir auch im Körper fühlen und bestimmten Regionen zuordnen.

Dauerhafte Angstzustände beispielsweise führen dadurch über die Zeit auch zu veränderten körperlichen Zuständen und umgekehrt.

Sport verändert somit folglich nicht nur die körperliche Leistungsfähigkeit und Fitness, sondern auch die Geisteshaltung.

Umgekehrt führt aber ein dauerhafter Alkohol- oder Drogenkonsum nicht nur zum körperlichen Verfall, sondern ebenfalls zu einer Veränderung des Geistes.

Diese Wirkung auf Körper und Geist trifft auch auf die Sexualität zu. Regelmäßige sexuelle Aktivität einerseits oder völlige Askese andererseits betreffen Körper und Geist gleichermaßen.

Ebenso kann die Art und Weise der sexuellen Befriedigung unterschiedliche Auswirkungen haben. Sex als Triebabfuhr hinterlässt ein anderes Gefühl als hingebungsvoller Austausch. Beide Spielarten benötigen jeweils auch ein anderes Mindset der Beteiligten. Um was es auch gehen mag, wir benötigen Zugang zu *beiden* Bereichen unseres Lebens: zum Körper wie zum Geist, denn der Einfluss durch eine Situation ist nie nur auf eines der beiden Systeme beschränkt.

Das Bemerkenswerte ist: Die hervorgerufenen Veränderungen sind mittlerweile auch messbar, denn überall in unserem Körper finden sich Nervenstrukturen und Botenstoffe, deren Gehalt im Blut man messen kann.

Der Grad des Informationsflusses über das Nervensystem ist wiederum darstellbar über Spannungen und Elektrizität, also elektrische Energie.

Somit konnte in den letzten Jahren wissenschaftlich überprüft werden, inwieweit man durch das Praktizieren von Yoga tatsächlich dazu in der Lage ist, einen positiven Einfluss auf Körper und Geist zu generieren.

Yoga wurde in westlichen Kulturkreisen (und hier besonders von uns Männern) lange als eine esoterische Gymnas-
tikveranstaltung belächelt, die *von* Frauen *für* Frauen ange-
boten wird.

Heute setzt sich Yoga mit seinen verschiedenen Ausprägun-
gen immer mehr durch und erobert hierbei langsam auch
zumindest die Akzeptanz des männlichen Geschlechts. Besonders anerkannt zu sein scheinen hier diejenigen Formen,
die einem Muskeltraining sehr nahekommen, wie das so genannte Power-Yoga, eine sich an westlichen Bedürfnissen
orientierende Abwandlung des Ashtanga-Yogastils.

Angeblich gibt es verschiedene Yoga-Praktiken und unterschiedliche Stilrichtungen seit mehreren tausend Jahren,
und unter den Anwendern tummeln sich sehr unterschiedliche Ansprüche.

Fitness, Ästhetik und esoterische Selbstverwirklichung sind
gleichermaßen vertretene Motivatoren in der sehr hetero-
genen Gruppe der Praktizierenden.

Tatsächlich aber ist Yoga mehr als nur Sport.

In seiner Ursprungsbedeutung verbirgt sich hinter dem Begriff Yoga das Wort „Vereinigung".

In Indien galt und gilt Yoga seit jeher daher auch als ein Weg
zur Vereinigung von Körper und Geist.

In der Tradition geht es im Yoga nicht nur darum, besondere
körperliche Fertigkeiten zu erlangen. Die Körperübungen,
die als „Asanas" bezeichnet werden, stellen zwar einen
wichtigen Baustein des Ganzen dar.

Doch erst durch die Kombination mit den Atemübungen, die als „Pranayama" bezeichnet werden, und durch Meditation vervollständigt sich die Einheit.

Eine spezielle Form des Yoga ist das Hatha-Yoga. Der Begriff „Hatha" ist gleichbedeutend mit „Kraft". Das Wort symbolisiert aber gleichzeitig auch eine Einheit von einander entgegengesetzten Energien, nämlich Sonne (Ha) und Mond (Tha).

Anders als im Wettkampf- und leistungsorientierten Sport betrachtet man im Yoga nicht Trainingseinheiten wie Cardiotraining oder Muskelaufbautraining und die damit verbundenen Organgruppen der Herz-Kreislauf-Organe sowie der Muskulatur, sondern man legt Wert auf den Menschen als ein multidimensionales Wesen in seiner Ganzheit.

In einer anerkannten Grundlage der Yoga-Praxis, den Sutren des Patanjali, wird ein Schema von acht Etappen beschrieben, über die man zur vollkommenen Einheit gelangt (76).

Hier geht es neben den Körperübungen auch um persönliche Disziplin, ethische Empfehlungen im Umgang mit Anderen, Atmung, Rückzug nach innen, Konzentration und Meditation.

Ebenso zeigt sich eine ganzheitliche Annäherung an das menschliche Wesen in den Lehren des Kundalini-Yoga. Hier geht man davon aus, dass der menschliche Körper Energiezentren beherbergt, die als Chakren bezeichnet werden.

Jedes Chakra hat eine bestimmte Lokalisation und eine klare Funktion. Ein Höchstmaß an Lebensenergie kann dadurch erreicht werden, dass diese Energiezentren harmonisiert werden und Lebensenergie durch den Körper fließen kann.

Energetische Heiler haben mithilfe der Chakras und der Energiebahnen ein anatomisches System entwickelt, dass konzeptionell Strombahnen der Gefäße und Nerven ähnelt, die uns Medizinern hinlänglich bekannt sind.

Allerdings hat sich in den letzten Jahren ein ganz anderer Aspekt zu den oben genannten hinzugesellt.

Die Medizin hat einen Nutzen für sich erkannt und begonnen, die Wirkungen genauer zu untersuchen.

In einer 2016 im Journal of the American Medical Association veröffentlichten Übersichtsarbeit konnten Wissenschaftler aus Kalifornien zeigen, dass Yoga zur Linderung chronischer Rückenschmerzen bessere Ergebnisse erzielen kann als eine Schmerzmitteltherapie. Diese Erkenntnis wurde durch verschiedene Untersuchungen, die an renommierten Universitäten durchgeführt wurden, belegt (11, 22). Eine positive Wirkung zeigte sich auch im Hinblick auf chronische Schmerzen im Bereich der übrigen Wirbelsäule und bei Nacken- und Kopfschmerzen.

So wurden beispielsweise in einer Untersuchung der Charité in Berlin zwei Gruppen von Patienten mit Nackenschmerzen verglichen. Die eine Gruppe absolvierte ein selbst gewähltes Rückentraining, die andere Gruppe erhielt einmal wöchentlich über jeweils 90 Minuten eine Yoga-Einheit.

Beurteilt wurden die Schmerzzustände nach vier und acht Wochen mithilfe einer visuellen Skala von 1-10. Beide

Gruppen konnten durch ihr Training die Schmerzen reduzieren, das Ergebnis fiel jedoch wesentlich deutlicher in der Gruppe der Yoga-Praktizierenden aus.

Eine weitere, hierzulande mittlerweile auch von den Kostenträgern im Gesundheitswesen anerkannte Wirkung liegt in der Reduzierung von stress-assoziierten Erkrankungen (70).

Die Erkenntnisse sind mittlerweile so fundiert, dass es bestimmte Yoga-Praktiken bis in die Liste der Präventionsangebote von Krankenkassen geschafft haben.

Einige Kostenträger übernehmen sogar Gebühren für therapeutische Yoga-Einheiten, in denen für ein bestimmtes Leiden individuell für den Patienten Übungen zugeschnitten und unter Anleitung praktiziert werden.

In einer Studie an den Kliniken Essen-Mitte wurden Frauen im Alter von 20-60 Jahren im Hinblick auf einen Einfluss von Yoga auf subjektiv wahrgenommenen Stress und körperlich messbare Stresssymptome untersucht. Zur Einschätzung der selbst empfundenen Stresssituation wurde eine wissenschaftlich anerkannte Bewertungsskala verwendet, zur Sicherung der objektivierbaren Symptome wurde die Messung der Herzfrequenzvariabilität (deren Bedeutung wir oben bereits kennengelernt haben) herangezogen. Ebenso wurden weitere Parameter wie Lebensqualitätsindizees sowie das psychische Befinden ausgewertet.

Die Autoren kommen zu dem Schluss, dass durch ihre Studien die stressreduzierenden und psychologisch günstigen Effekte von Yoga belegt werden können (52).

Der körperliche Effekt scheint also unstrittig vorzuliegen. Was aber passiert im Gehirn, wenn wir Yoga regelmäßig praktizieren?

Auch damit hat sich die Wissenschaft befasst.

Eine Übersichtsarbeit, die Ergebnisse verschiedener Studien zusammenfassend beurteilt, wurde im Jahre 2019 von der Universität Illinois veröffentlicht. Alle Studien beriefen sich auf Ergebnisse bildgebender Verfahren mittels MRT-Untersuchungen (Magnet-Resonanz-Tomographie) des Gehirns.

Die Studien ergaben, dass sich verschiedene Gehirnfunktionen und die mentale Leistungsfähigkeit, die im Alter generell abnehmen, durch Yoga verbessern ließen. Welche Mechanismen genau diese Veränderungen hervorrufen, muss nun noch weiter untersucht werden (26).

Auch unsere psychische Befindlichkeit lässt sich durch Yoga positiv beeinflussen. Wissenschaftler fanden heraus, dass sich durch Yoga und Meditation die Konzentration des Neurotransmitters Gamma-Amino-Buttersäure (GABA) im Gehirn erhöht (27).

Depressive Patienten und Menschen, die an Angststörungen leiden, weisen einen im Vergleich zu Gesunden *erniedrigten* Spiegel dieses Botenstoffes im Gehirn auf und könnten von dieser Erkenntnis profitieren (38, 39, 68).

Bereits im Jahre 2012 wurde im International Journal of Preventive Medicine eine Übersichtsarbeit veröffentlicht, in der die Autorin die bis dahin zur Verfügung stehende Studienlandschaft im Hinblick auf verschiedene Aspekte von Yoga in der Medizin untersucht hat (72).

Sie schlüsselt dezidiert verschiedene Erkrankungen auf und berichtet über den Einfluss von Yoga auf den Krankheitsverlauf.

Insbesondere im Hinblick auf die verschiedenen Formen von Herz-Kreislauf-Erkrankungen wie Bluthochdruck oder Herzkranzgefäßverkalkung weisen verschiedene Studien einen positiven Effekt von Yoga nach. Ebenso steigt die generelle körperliche Leistungsfähigkeit bei Yoga- Praktizierenden an.

Ein weiteres bemerkenswertes Ergebnis stellt der positive Einfluss auf den Fettstoffwechsel von Probanden dar. Zwar kann man die Regulierung des Körpergewichts durch die mit Yoga-Übungen einhergehende regelmäßige körperliche Aktivität erklären, das Absinken von Serum-Lipidwerten, also eine Verbesserung der Blutwerte bei den Probanden kann jedoch noch nicht komplett erklärt werden, ist aber nachweisbar signifikant im Vergleich zu Nichtpraktizierenden.

Auch hier sind sicherlich weitere Untersuchungen erforderlich.

Weitere Aspekte unserer Zivilisationskrankheiten werden positiv beeinflusst: die Stressachse.

In verschiedenen Studien konnte nachgewiesen werden, dass die Konzentration von Stresshormonen im Blut bei Yoga-Praktizierenden dauerhaft niedriger war als bei Nichtpraktizierenden. Somit zeigten sich - wie oben bereits erwähnt - positive Aspekte im Bereich von Stresssymptomen wie Herzrasen, Blutdruckanstieg sowie Herzinfarkt, aber auch bei Depressionen und Angstzuständen ließen sich diese Effekte nachweisen.

Ein weiteres Ergebnis: Yoga kann den Blutspiegel verschiedener Neurotransmitter *erhöhen.*

Die Botenstoffe *Serotonin, Dopamin* und *GABA* werden nachweislich im Blut erhöht. Sie wirken allesamt antidepressiv – auf natürlichem Wege. Insbesondere GABA wirkt als einer der wichtigsten Botenstoffe im gesamten zentralen Nervensystem und ist verantwortlich für eine ausgleichende Reaktion auf Stress. Dauerhaft niedrige Werte im Blut sind assoziiert mit Angst, Depression, Schlafstörungen, post-traumatischem Stress, Schizophrenie und Epilepsie.

Viele Medikamente zur Lösung von Angstzuständen, aber auch Antidepressiva wirken über eine Erhöhung der GABA-Werte im Zentralnervensystem.

Yoga scheint also einen positiven Effekt auch auf dieses System zu haben.

Wie wir im ersten Abschnitt des Buches gelernt haben, kann Dauerstress letztlich zu einer Verminderung der Hirnsubstanz führen, auch dieser Tendenz kann durch regelmäßige Yoga-Praxis offenbar entgegengewirkt werden. (30, 78).

Ein weiterer, hochinteressanter Aspekt ergibt sich im Hinblick auf die Frage nach allgemeiner Zellalterung.

Ein wissenschaftlich unumstrittener Vorgang auf zellulärer Ebene ist die Alterung einer Zelle, die durch einen bestimmten Prozess voranschreitet, namentlich durch die Verkürzung sogenannter *Telomere*.

Telomere sind kleine Chromosomensequenzen, die sich an den Enden der Chromosomen befinden und diese vor Alterung und Zerstörung schützen. Je schneller diese Telomere an Länge verlieren, desto schneller altert das Chromosom und somit letztlich auch die Zelle.

Werden die Telomere kürzer, verlieren die Chromosomen an Stabilität und die Alterung der Zelle schreitet schneller voran.

Die Länge der Telomere kann man messen und die Wissenschaft hat herausgefunden, dass die Länge der Telomere eine Vorhersage über Alterungsprozesse, Krankheiten und vorzeitiges Sterben zulässt.

Verkürzte Telomere sind assoziiert mit verschiedenen alterungsbedingten Erkrankungen wie Alzheimer, Osteoporose, Demenz, Makuladegeneration, aber auch Herz-Kreislauf-Erkrankungen.

Die Verkürzung der Telomere kann nun wiederum durch ein körpereigenes Enzym verhindert werden, die sogenannte *Telomerase*.

Chronischer Stress kann die Aktivität der Telomerase senken und damit den Alterungsprozess vorantreiben (18).

An dieser Stelle kann Yoga ansetzen, um den Prozess zu unterbinden oder zumindest aufzuhalten.

Eine bahnbrechende Studie zu diesem Thema wurde bereits im Jahre 2008 veröffentlicht. Hier konnte erstmals gezeigt werden, dass eine Änderung des Lebensstils durch eine Kombination aus Yoga, Meditation und Ernährungsumstellung einen Anstieg der Telomeraseaktivität zur Folge hatte (61).

Diese Ergebnisse waren so bedeutungsvoll, dass Wissenschaftler die gleiche Gruppe von Menschen nach fünf Jahren erneut untersuchten, um herauszubekommen, ob der Effekt weiterhin nachweisbar war.

Erstaunlicherweise waren die Effekte nicht nur weiterhin deutlich zu messen, sondern es zeigte sich zusätzlich eine Zunahme der Länge der untersuchten Telomere. Diese im Jahre 2013 veröffentlichte Studie war die erste überhaupt, die eine Zunahme der Telomer-Länge durch eine reine Änderung der Lebensgewohnheiten nachweisen konnte (62).

Zusammenfassend lässt sich sagen, dass Yoga eine in vielerlei Hinsicht hilfreiche „Lebensgewohnheit" ist, wenn man sie sich zunutze macht und möglichst regelmäßig in den Alltag mit einbaut.

Extrapolieren wir das bisher Gelesene, könnten wir Männer folgende Effekte für uns verbuchen: Stressabbau., Verbesserung der Herz-Kreislauf-Situation, positive Stimmungslage, verbessertes Körpergefühl, Gewichtsregulation, weniger Rückenschmerzen, Verlangsamung der Zellalterung.

Die wissenschaftliche Evidenz liegt vor, auch wenn viele Studien nach harten Kriterien noch nicht als unumstößlicher Beweis herangezogen werden können, weil sie als Single-Center-Studie oder aufgrund niedriger Probandenzahl sowie kurzer Nachbeobachtungszeiträume „underpowert" sind.

Dennoch sind die Ergebnisse mehr als ermutigend und die Tatsache, dass Yoga es beispielsweise sogar bis in eine Leitlinienempfehlung zur begleitenden Behandlung beim Reizdarmsyndrom geschafft hat, zeigt, wie ernst wir diese Erkenntnisse nehmen müssen.

Die positiven Effekte sind allerdings nicht so bequem zu erreichen wie durch das Einnehmen einer Tablette bei Rückenschmerzen, aber die Ergebnisse zeigen, dass es die Mühe wert ist.

Es hilft uns, auf vielfältige Art und Weise unsere Gesundheit zu fördern. Yoga hilft uns aber auch, wieder mit uns selbst in Kontakt zu kommen. Die Arbeit mit dem Körper kann uns helfen zu entdecken, wo wir Blockaden haben und wie sich ein reiner, ungestörter Energiefluss anfühlt.

Die Konzentration auf den Körper hilft uns, zur Ruhe zu kommen und spürbar präsent im Hier und Jetzt zu verweilen, denn der Geist kann problemlos auf der Zeitachse vor und zurück wandern, der Körper kann es nicht. Schaffen wir es, präsent zu sein, lösen wir uns vom Alltagsstress.

Ein wesentlicher Faktor, der uns immer wieder den aktuellen Moment vergessen lässt und uns Stress bereitet, ist unser wandernder, ruheloser Geist.

Wie wir es schaffen können, diese Situationen aufzudecken und möglicherweise dagegen zu wirken, soll im nächsten Kapitel beleuchtet werden.

Meditation macht (Männer) sexy

Oben haben wir gesehen, wie wichtig eine Änderung des Lebensstils im Hinblick auf unsere Gesundheit sein kann und dass es sogar einen nachweislich positiven Effekt von Yoga auf die Zellalterung gibt.

Auch für die Meditation ist ein solcher Effekt in einer Studie nachgewiesen worden.

Eine im Jahre 2013 veröffentlichte Studie zeigte eine positive Korrelation zwischen einer Verlängerung von Telomeren und Meditation, das bedeutet vereinfacht: Wer meditiert, kann durch seine Zellalterung verlangsamen (32).

Untersucht wurde eine Gruppe, die eine bestimmte Art von Meditation ausübte. Die Untersucher hatten im Vorfeld eine Art zu meditieren gesucht, die von jedem Menschen durchführbar ist, unabhängig von Bildungsstand und Glauben.

Die Meditationspraxis, die schließlich gewählt wurde, bestand schlichtweg darin, sich auf Mitgefühl und gute Wünsche Anderen und sich selbst gegenüber zu konzentrieren.

Verblüffend einfach im Hinblick auf das erzielte Ergebnis.

Auch hier ließ sich ein ähnlicher Effekt auf die Telomere nachweisen.

Was genau haben wir unter Meditation zu verstehen?

In Indien reichen Schriften und Bilder, die Meditation beschreiben, bis ins zweite Jahrtausend vor Christus zurück. Es finden sich Hinweise auf das Bemühen von Menschen, ihr Bewusstsein und ihr Verständnis vom menschlichen Dasein auf eine „spirituelle Ebene" zu heben.

Es gibt verschiedene Techniken und Formen der Meditation. Grundsätzlich, und um Vereinfachung bemüht, kann man zwei Arten voneinander unterscheiden:

Einerseits gibt es Methoden, die die *Konzentration* in den Mittelpunkt stellen. Bei diesen Meditationstechniken geht es darum, sich auf einen einzigen Gegenstand zu konzentrieren und dadurch sämtliche äußere Einflüsse auszublenden.

Andererseits existieren Techniken, die eine *Entfaltung des Meditierenden* zum Ziel haben. Es soll eine innere Leere erreicht werden, in der es gelingt, das Denken komplett einzustellen.

Äußere Eindrücke oder Einflüsse werden hierbei aber nicht etwa ausgeblendet, sondern sie werden zwar *zugelassen*, aber *nicht bewertet*, sondern man lässt sie einfach beobachtend vorbeiziehen.

Weitere Meditationsformen kombinieren diese Aspekte.

Effekte, die durch Meditation erzielt werden können, sind vielfältig.

Bereits im Jahre 2003 wurde hierzu in der Fachzeitschrift „Psychosomatic Medicine" ein interessanter Artikel veröffentlicht:

Dem Studiendesign folgend, hatte man die gesunden Probanden in zwei Gruppen eingeteilt, die nach Ablauf der Studie miteinander verglichen wurden. Die erste Gruppe bekam ein achtwöchiges Trainingsprogramm in Achtsamkeitsmeditation, das in den Arbeitsalltag eingeschlossen wurde. Die andere Gruppe wurde im Alltag begleitet, jedoch ohne Trainingsprogramm. Am Ende des Programms wurden alle Teilnehmer gegen Grippe geimpft.

Gemessen wurden dann nach Abschluss der acht Wochen die Hirnaktivitäten und der Immunstatus der Probanden, speziell die Immunantwort auf die erfolgte Grippeimpfung.

Es konnte bei den Meditierenden eine erhöhte Aktivität der linken Hirnhälfte gemessen werden, was bei Zuständen von innerer Zufriedenheit auftritt.

Damit assoziiert war bei ihnen eine Zunahme der körperlichen Abwehrkraft, festgestellt durch eine verstärkte Bildung von Antikörpern nach Grippeimpfung.

Diese Befunde waren signifikant erhöht in der Gruppe der Meditierenden, in der Vergleichsgruppe konnte dieser positive Effekt nicht gezeigt werden. Es ergab sich darüber hinaus noch eine positive Korrelation der Befunde, das heißt, je höher die Aktivität in der linken Hirnhälfte, desto stärker war auch die Immunantwort (14).

Die Ergebnisse waren bemerkenswert zu diesem Zeitpunkt.

Bis dahin war die Studienlandschaft karg, es gab nicht viel zu berichten über wissenschaftliche Erkenntnisse im Hinblick auf Meditation.

Das dokumentiert eine 2006 im Journal of Alternative and Complementary Medicine erschienene Übersichtsarbeit, in der geprüft werden sollte, inwieweit Meditation wissenschaftlich belegbar zum Einsatz bei Erkrankungen kommen kann.

Die Autoren berichteten damals von insgesamt 86 Untersuchungen zum Thema Meditation überhaupt, von denen sich lediglich 20 mit der vorgegebenen Fragestellung beschäftigten.

Das hat sich mittlerweile geändert.

In den letzten Jahren ist viel geforscht worden und die Ergebnisse sind sehr ermutigend.

Es werden positive Effekte durch Meditation auf den Hormonhaushalt, die Abwehrkraft gegen Infektionen, das Herz-Kreislauf-System sowie Stress und die damit assoziierten Erkrankungen nachgewiesen (65).

Ein weiterer Aspekt von Meditation, der für die Thematik dieses Buches wichtig ist, besteht darin, durch Meditation die einzelnen *Teilaspekte der eigenen Identität* herauszufiltern, die unsere Persönlichkeit ausmachen und letztlich auch unser Fühlen und Handeln bestimmen.

Gelingt dies, haben wir die Chance auf eine Zunahme der eigenen Selbstbestimmtheit, da wir vermeintlich automatisierte Verhaltensmuster durchschauen und möglicherweise umlenken können.

Neurobiologische Forschungen zeigen, dass die diesen automatisierten Abläufen zugrunde liegenden Schaltkreise im Gehirn keineswegs in Stein gemeißelt und unabänderbar sind.

Das bedeutet, dass wir diese Abläufe und somit letztlich auch unsere Persönlichkeitsstruktur neu gestalten können.

Doch um das zu tun, müssen wir vorher diese Strukturen aufdecken. Hierbei helfen Meditationstechniken.

Meditation hat, wie oben bereits erwähnt, eine sehr heilsame Wirkung gegen Stress, doch es ist ein Irrglaube, daraus abzuleiten, dass Meditation gleichbedeutend mit Beruhigung sei.

Während der Meditation erzielen Versuchspersonen immer wieder Zustände, die mit Momenten höchster Aufmerksamkeit vergleichbar sind.

Auch diese Phänomene sind heutzutage wissenschaftlich nachweisbar. Elektrische Hirnaktivitäten kann man messen. Das sogenannte Elektro-Enzephalogramm (EEG) misst über Elektroden, die auf der Kopfhaut aufgetragen werden, Stromflüsse, die sehr gering, aber deutlich nachweisbar sind.

Der Stromfluss wird in Schwingungen pro Sekunde gemessen und verschiedenen Bewusstseinszuständen zugeordnet.

Den Tiefschlaf bezeichnen wir beispielsweise als *Delta-Zustand*.

Bei kognitiven Höchstleistungen wird der *Gamma-Zustand* erreicht.

Dazwischen liegen noch der Theta-, Alpha- und Betazustand, die jeweils tiefe Entspannung, leichte Entspannung und Aufmerksamkeit repräsentieren.

In einer Untersuchung zur Meditation wählte der Dalai-Lama selbst acht Mönche aus, die sich neurologisch untersuchen ließen, während sie meditierten. Es wurden EEG-Messungen (Elektro-Enzephalogramm) sowie MRT-Untersuchungen der Gehirne vorgenommen.

Eine MRT ist ein bildgebendes Untersuchungsverfahren, mit dessen Hilfe man nicht nur einen Einblick in den menschlichen Körper erhält, sondern unter anderem auch feststellen kann, wo eine aktuelle Aktivität im Organ, also zum Beispiel im Gehirn, verortet ist.

Die Mönche erhielten die Anweisung, sich in einen „objektlosen heilsamen Geisteszustand" zu begeben.

Die Ströme, die mittels EEG abgeleitet wurden, lagen im Gamma-Bereich, zeigten also eine Aktivität von höchster Aufmerksamkeit.

Die während der Meditation durchgeführte MRT konnte aufdecken, in welchem Bereich des Gehirns sich die Aktivitäten veränderten.

In der Folge wurde hierzu eine Reihe von weiteren Untersuchungen durchgeführt, die Aufschluss über die einzelnen Hirnaktivitäten während verschiedener meditativer Zustände gaben.

In einer dieser Studien aus dem Jahre 2016, in der es um die Bedeutung von Meditation in Zusammenhang mit dem Thema Angst ging, wurden Patienten vor und nach einem Meditationskurs mittels MRT begutachtet.

Es konnte gezeigt werden, dass sich durch die Meditation tatsächlich Veränderungen in der Amygdala einstellten (16).

Zur Erinnerung: Die Amygdala, der Mandelkern, wird aktiv, wenn es in unserem Erleben um das Thema Angst geht.

In der vergleichenden Analyse konnte gezeigt werden, dass es im Laufe des Meditationskurses zu einer Abnahme der Zelldichte in der Amygdala kam. Auch in der Befragung der

Probanden wurde deutlich, dass das gefühlte Angsterleben im Verlauf signifikant abgenommen hatte.

Diese und weitere Erkenntnisse haben mittlerweile auch einen Einfluss auf die Behandlung psychischer Erkrankungen erhalten.

Im Jahre 2010 veröffentliche das Team um Stefan Hofman, seinerzeit Professor für Psychiatrie an der Boston University, eine Übersichtsarbeit zu diesem Thema. Er hatte die bis zu diesem Zeitpunkt zur Verfügung stehende Literatur recherchiert und auf wissenschaftliche Aussagen überprüft. Er kam zu dem Schluss, dass Achtsamkeitsmeditation ein vielversprechendes Mittel darstellt, um Patienten mit Stimmungsschwankungen und besonders Angststörungen zu behandeln (31).

Ein Jahr später wurde eine Übersichtsarbeit von der Duke University, in der sich die Institute für Psychiatrie, Neurowissenschaften und Verhaltensforschung gemeinsam dieser Thematik gewidmet hatten, publiziert.

Auch hier war man zu dem Schluss gekommen, dass Achtsamkeitsmeditation gesunde psychologische Anpassungsreaktionen fördern kann (37).

Eine heute hinlänglich verbreitete und akzeptierte Form von Meditation stellt eben diese *Achtsamkeitsmeditation* dar.

Die Achtsamkeit oder Aufmerksamkeit soll hierbei gestärkt werden, gleichzeitig werden emotionale Zustände zwar wahrgenommen, aber nicht bewertet, sodass hierdurch gelernt werden kann, eine Stressreaktion, die sich auf ein aufkommendes Gefühl einstellt, nach kurzer Zeit abklingen zu lassen.

Stress wirkt sich neurobiologisch nachweisbar negativ auf das Wachstum neuronaler Strukturen (Nervenzellen, Nervenstränge) im emotionalen Gehirn, besonders im Hippocampus, aus.

Im Gegenzug konnte gezeigt werden, dass Probanden, die Achtsamkeitsmeditation ausüben, mehr Hirnzellen in diesem Bereich aufweisen als Kontrollpersonen. Dieser Effekt konnte auch für andere Bereiche im Gehirn nachgewiesen werden.

Im Hinblick auf das im ersten Kapitel besprochene Phänomen der *Neuroplastizität* gewinnt diese Erkenntnis an Bedeutung: Wenn wir eingefahrene, automatisierte Strukturen erkennen und verändern wollen, müssen wir die dafür verantwortlichen Hirnstrukturen aktivieren und stärken. Genau das geschieht durch Meditation (15, 17, 26).

In wissenschaftlichen Untersuchungen zeigte sich eine durch Meditation ausgelöste Aktivierung und Zunahme von Hirnzellen auch im Bereich des orbito-frontalen Cortex, einer Region, die für das Erlernen neuer Verhaltensweisen und die Verarbeitung von Emotionen verantwortlich gemacht wird (34).

Betrachtet man diese Zusammenhänge im Hinblick auf unser Bestreben, eine Veränderung eingefahrener Verhaltensmuster zu erzielen, hilft folgendes Bild: Wenn unser Verhalten unbewusst abläuft, befinden wir uns sozusagen auf unserer ganz persönlichen „neurobiologischen Autobahn". Der Wagen rollt wie von selbst, wir fahren, ohne uns wirklich darauf zu konzentrieren.

Werden wir uns dessen bewusst und entscheiden uns, einen anderen Weg zu nehmen, müssen wir dem Umfeld eine erhöhte Aufmerksamkeit widmen, um die Ausfahrt von der Autobahn nicht zu verpassen.

Dann biegen wir ab und erkunden einen neuen Weg.

Das erfordert nicht nur Aufmerksamkeit, sondern auch Mut, uns auf etwas Unbekanntes einzulassen. Was uns dazu treibt, ist der Wunsch, etwas zu verändern und Neues zu entdecken, was wiederum unser Leben deutlich positiver gestalten kann.

Stellen Sie sich nun vor, Ihre Autobahn, die Sie eben verlassen haben, ist nicht asphaltiert, sondern es handelt sich hierbei um eine breite Straße, die aus Erde besteht.

Auch die neue Richtung ist ein schmaler, holperiger Pfad, der nicht asphaltiert ist.

Was passiert, wenn Sie in Zukunft die Autobahn nicht mehr benutzen? Sie wird zunehmend versanden. Über einen längeren Zeitraum betrachtet werden Wind, Regen, Sonne diese Autobahn mehr und mehr in ein unebenes Gelände verwandeln, das kaum noch befahrbar sein wird.

Der neue Weg hingegen wird umso besser zu befahren sein, je häufiger Sie ihn nutzen, da Unebenheiten sich langsam ausgleichen.

Genauso verhält es sich mit unseren neurologischen Strukturen im Hirn.

Unsere Verhaltensmuster sind nicht in Stein gemeißelt.

Sie können verändert werden.

Wie wir am Anfang des Buches besprochen haben, hat jeder die Chance auf Veränderung durch ein „re-wiring", also eine Neuverdrahtung unserer Hirnzellen. Dies ist mit dem Phänomen der Neuroplastizität gemeint.

Im Hinblick auf Sexualität und Meditation ist die Forschung kaum etabliert. Es finden sich einige wenige Publikationen, in denen unterschiedliche Aspekte von Störungen der Sexualität mit Achtsamkeitsübungen behandelt werden.

So zeigten verschiedene Arbeiten positive Effekte von Achtsamkeitsübungen bei Frauen, die eine geringe sexuelle Erregbarkeit zeigten (7, 74).

Die Studienlage reicht jedoch noch nicht aus, um hier konkrete Schlüsse zu ziehen.

Im Buch „Sex again: Recharging your Libido" beschreibt Jill Blakeway den Mechanismus, der dahinter liegen könnte: Regelmäßiges meditieren erhöhe nach ihrer Auffassung die Aufmerksamkeit in Bezug auf den Körper und somit auf die eigene sexuelle Energie. Damit öffne sich letztlich auch die Möglichkeit, die sexuelle Energie und Bereitschaft des Partners besser zu spüren, was eine Grundlage für ein ausgewogenes sexuelles Miteinander schaffe.

Sie erwähnt Meditationstechniken, die nach Auffassung des Taoismus dazu dienen, den männlichen Orgasmus zu intensivieren. Nach ihrer Einschätzung könnten Störungen wie ein vorzeitiger Samenerguss ebenfalls behandelt werden.

Wie bereits erwähnt: Die wissenschaftliche Evidenz zu dieser Thematik ist nicht gegeben. Die Forschungsergebnisse lassen jedoch vermuten, dass sich auch im Hinblick auf Sexualität positive Effekte durch Meditationstechniken erzielen lassen. Dies gilt insbesondere im Hinblick auf die vielfältigen Faktoren, die ein gestörtes Sexualleben verursachen können. Bedrohliche Nebenwirkungen von Achtsamkeitsmeditationen sind bisher nicht bekannt.

Epigenetik – eine Aufforderung der Wissenschaft, das Leben selbst in die Hand zu nehmen

Als es Forschern Anfang des Jahrtausends gelang, das menschliche Genom zu entschlüsseln, glaubte man, das letzte große Geheimnis des menschlichen Daseins gelüftet zu haben.

Die Erwartungen an die daraus resultierenden Erkenntnisse waren enorm, wurden aber gedämpft.

Es war zwar gelungen, das Erbgut zu analysieren und zu beschreiben, doch es zeigte sich, dass es nicht nur die Gene sind, die unsere Zellen steuern. Der Prozess findet interessanterweise auch in umgekehrter Richtung statt, es sind also auch die Zellen selbst, die ihrerseits die Gene steuern, um von dort diejenigen Informationen abzurufen, die sie für bestimmte Funktionen gerade benötigen.

Diese Erkenntnis hatte weitreichende Konsequenzen.

Heute wissen wir, dass der Mensch über mehr als 200 Zelltypen verfügt. Obwohl in nahezu jeder menschlichen Zelle die gleiche DNA-Sequenz vorliegt, sind längst nicht in jeder Zelle alle Gene aktiv.

Untersuchungen an eineiigen Zwillingen zeigten, dass diese zwar genetisch identisch sind, sich in der weiteren Entwicklung und zum Beispiel im Hinblick auf Anfälligkeiten für Krankheiten sehr stark voneinander unterscheiden können.

Warum das so ist und welche Mechanismen dahinterstecken, wird im Forschungsgebiet der *Epigenetik* geklärt.

Der Begriff setzt sich zusammen aus *Genetik* und *Epigenese*, was so viel bedeutet wie die „Entwicklung eines Lebewesens".

Die Epigenetik stellt also gewissermaßen die Schnittstelle zwischen Umwelteinflüssen und unserer Erbsubstanz dar.

Heute wissen wir, dass die Zelle über zahlreiche Methoden verfügt, um das Ablesen der Gene zu bewerkstelligen und somit ihre eigenen vielfältigen Funktionen zu organisieren.

Die dafür angewendeten Mechanismen sind sehr komplex.

Einer von ihnen ist der Mechanismus der *Methylierung,* mit dessen Hilfe bestimmte Abschnitte von Erbgutträgern aktiviert oder abgeschaltet werden können.

Eine Frage, die sich die Wissenschaftler in dem noch sehr jungen Forschungsgebiet der Epigenetik stellen, lautet: „Kann eine Veränderung der äußeren Umstände auch den genetischen Code verändern?"

Im Oktober des Jahres 2016 veröffentlichte eine Arbeitsgruppe von Epigenetikern eine Studie, die Erkenntnisse im Hinblick auf genau diese Frage erbrachte.

Die Wissenschaftler hatten herausgefunden, dass sich bei traumatisierten Mäusen die DNA-Methylierung im Gehirn, genauer gesagt im Hippocampus, durch das erlebte Trauma verschlechterte. Weiterhin vermeldeten die Forscher, dass bei denselben Mäusen im Erwachsenenalter das Sperma ebenfalls diese genetischen Veränderungen aufwies.

Damit wurde belegt, dass das erlebte Trauma quasi an die Nachkommen vererbt werden kann.

Bemerkenswerterweise zeigten die Forscher aber auch, dass eine Veränderung der *Umgebung*, in der diese traumatisierten Mäuse lebten, diese DNA-Veränderungen rückgängig machen konnte und somit eine Vererbung des veränderten genetischen Codes dadurch verhindert werden konnte (23).

Diese Arbeit zeigte erstmals den Einfluss von positiven wie negativen Lebensumständen auf das Epigenom, also die Faktoren, die bestimmen, welche Gene aktiviert werden und welche nicht. Ebenso konnte erstmals die transgenerationale Vererbung der daraus resultierenden Konsequenzen nachgewiesen werden.

Mit einer Übersichtsarbeit im „Brain Science" erschien im Mai des Jahres 2018 eine Zusammenfassung der Zusammenhänge zwischen erlebten Traumata der Eltern und der Veränderung in der DNA-Methylierung der Nachkommen auch bei Menschen.

Die Übersichtsarbeit dokumentiert eine Zunahme von Beweisen für die Weitervererbung von traumatisch bedingten DNA-Methylierungen und die Veränderung von Genexpressionen über Genrationen hinweg (80).

Diese Erkenntnis eröffnet aber auch neue Wege in der Erarbeitung therapeutischer Konzepte, da die epigenetischen Einflussgrößen vielfältig (und beeinflussbar) sind.

Doch nicht nur in der transgenerationalen Vererbung sind diese Erkenntnisse bedeutsam. Vielmehr erwächst daraus die Erkenntnis, dass wir uns von der starren Doktrin der genetisch festgelegten Bestimmung unseres Lebens lösen müssen.

Neben physikalischen Einflüssen finden sich auch in unserer seelischen Umwelt zahlreiche Einflüsse, die für die Steuerung unseres Lebens relevant sind und unser Epigenom beeinflussen können.

Wie wir mittlerweile wissen, kann Stress genauso schädlich für unsere persönliche Gesundheit und unser Wohlbefinden sein wie Umweltgifte, denen wir ausgesetzt sind (55).

Die gute Nachricht hierbei ist sicherlich, dass wir in diesem Falle Möglichkeiten haben, diese epigenetischen Einflüsse auf unseren Körper selbst zu regulieren, indem wir einen Lebensstil pflegen, der seelische Zufriedenheit generiert und somit weitreichende Konsequenzen für unser allgemeines Wohlbefinden und die Gesundheit hat.

Die noch sehr jungen Erkenntnisse aus der Epigenetik stellen also gleichsam eine Aufforderung durch die Wissenschaft dar, das Leben selbst in die Hand zu nehmen.

III Spiritualität Naturwissenschaft und Medizin

Spiritualität in der Medizin

Im ersten Kapitel des Buches habe ich von den menschlichen Anpassungsreaktionen aus neurobiologischer Sicht gesprochen.

Diese werden gewissermaßen automatisiert ablaufend in Resonanz zu äußerlich auftretenden Reizen vorgenommen und in entsprechenden neurobiologischen Mustern verankert.

Dieser wissenschaftlich gut dokumentierte Vorgang erklärt in vielerlei Hinsicht das Verhalten und letztlich auch die persönliche Prägung eines Menschen.

Doch was genau beeinflusst die verschiedenartigen Anpassungsreaktionen in unterschiedlichen Phasen der menschlichen Entwicklung eines Individuums? Was unterscheidet uns von Anderen?

Warum reagieren wir speziell so, wie wir als Einzelner reagieren?

Bereits im Jahre 2000 hat ein international anerkanntes Expertenteam im renommierten Fachjournal „Current Opinion in Psychiatry" zu dieser Frage Stellung bezogen und postuliert, dass die Betrachtung des menschlichen Körpers als eines Produkts der Evolution alleine nicht ausreiche, um die verschiedenartigen menschlichen Anpassungsreaktionen und Bewältigungsstrategien zu erläutern. Vielmehr sei auch das *spirituelle Wesen* des Menschen durch seine Verknüpfung mit der sprachlichen und kulturellen Entwicklung ein wesentlicher Faktor unterschiedlicher Reaktionsmuster (19).

Eine Literaturrecherche zu der Fragestellung zeigt aber, dass sich das wissenschaftliche Interesse an diesen Zusammenhängen nur langsam entwickelt. In den Jahren 1986-1999 gab es ganze 37 Veröffentlichungen zu diesem Thema, im Zeitraum von 2000 bis 2009 stieg die Zahl der Publikationen weltweit auf immerhin 216, davon kamen 190 aus den USA (36).

Die Entwicklung schreitet nur langsam voran, aber immerhin klingt hier leise der Versuch durch, Spiritualität in ein Konzept ganzheitlicher medizinischer Betrachtung einzubeziehen.

Ein Unterfangen, das aus unserem physikalisch-naturwissenschaftlich geprägten westlichen Medizinverständnis heraus im Hinblick auf psychische und psychiatrische Erkrankungen gerade noch vorstellbar erscheint.

Im Zusammenhang mit anderen, somatischen (körperlichen) Erkrankungen aber erscheint diese Verknüpfung aus dieser Perspektive auf den ersten Blick nicht nachvollziehbar.

In vielen traditionellen medizinischen Systemen jedoch ist diese spirituelle Dimension der Patienten in das Verständnis von der Entstehung von Krankheiten und Heilungskonzepten integriert.

Krankheit an sich wird in der spirituellen Betrachtungsweise nicht einfach als ein völlig unverschuldetes Schicksal angesehen.

In der spirituellen Medizin im weitesten Sinne dient vielmehr die Theorie als Grundlage, dass uns Krankheit nicht zufällig trifft.

Es wird in deren Entstehungsgeschichte angenommen, dass ein Zusammenhang zu unseren aktuellen und vergangenen Lebensumständen hergestellt werden kann.

In der Folge werden diese Umstände dann auch in ein Konzept zur Heilung mit einbezogen.

Es wird also im spirituellen Kontext immer auch die Frage danach gestellt, inwieweit der oder die Erkrankte *selbst* zur Entstehung dieser Krankheit beigetragen haben könnte, um darüber dann einen Aspekt der Heilung einleiten zu können.

Im Verständnis der westlich orientierten Medizin ist dies, wie oben bereits erwähnt, bei einer Depression sicherlich etwas leichter nachzuvollziehen als bei einer Erkrankung wie zum Beispiel Asthma Bronchiale oder bei einer chronischen Lungenentzündung.

Es gibt jedoch Hinweise, die diese Theorie stützen.

So ist hinlänglich bekannt und wissenschaftlich erwiesen, dass heutzutage stressbedingte und durch wiederkehrende Verhaltensmuster aufrechterhaltene Krankheiten einen Großteil der modernen medizinischen Leistungen beanspruchen.

Ebenso erwiesen ist auch, dass innere Haltungen wie zum Beispiel das Prinzip Versöhnung im Innen wie im Außen starke Präventionsfaktoren im Hinblick auf allgemeine Gesundheit darstellen.

Jakob Boesch, der bis zum Jahre 2005 als Privatdozent für Psychiatrie an der Universität Basel tätig war, beschreibt in seinem Buch „Spirituelles Heilen und Schulmedizin", dass die gesundheitlichen Schutzfaktoren *Spiritualität, Dankbarkeit, Demut* und *Versöhnung* sowie *Vergebung* wirksamer sind als jeweils entweder eine gesunde Ernährung oder Nichtrauchen allein.

Forschungsergebnisse des Center for the Study of Religion and Spirituality and Health am renommierten Duke University Medical Center belegen, dass Menschen, die eine spirituelle Basis in ihr Leben integriert haben, gesünder sind als Menschen, denen diese Lebensgrundlage fehlt (40).

Sie weisen niedrigere Blutdruckwerte auf und erleiden seltener schwerwiegende Herz-Kreislauf-Erkrankungen.

Phänomene Stress sowie Angst sind bei ihnen wenig präsent, was im Hinblick auf die im ersten Abschnitt beschriebenen Aspekte der Stresskaskade und deren Auswirkung auf Sexualität Bedeutung erlangt.

Auch das Muster einer depressiven Grundstimmung ist bei spirituellen Menschen weniger häufig nachweisbar.

Sollte es bei dieser Gruppe von Menschen dennoch zum Ausbruch einer solchen Erkrankung kommen, verläuft diese weniger lang.

Insgesamt scheint das Immunsystem bei spirituellen Menschen stärker ausgeprägt zu sein, nachweislich verfügen sie über signifikant niedrigere Interleukin-6-Werte im Blut. Hohe Werte sind Ausdruck eines schwachen Abwehrsystems und erhöhen die Anfälligkeit für Infektionen sowie Autoimmunkrankheiten.

In meiner Erfahrung wollen immer mehr Patienten bei der Konsultation nicht nur über den klassisch physiologischen Körper sprechen, sondern auch über geistige und seelische Aspekte ihrer Erkrankung.

Der Begriff „Ganzheitlichkeit" meint in dieser Hinsicht den Blick auf den erkrankten Menschen als ein Wesen, das mit Herz, Seele und Verstand in einer Einheit zu sehen ist, die sich selbst verstehen und auch fühlen muss, um zu genesen. Hier kommen nun gemeinsam klassisch medizinische Aspekte zum Tragen wie eben auch spirituelle Heilungsansätze.

Spirituelle Heiler nähern sich der Ursache von Krankheiten über die Gefühlswelt der Menschen an.

Die Freude am Leben und somit auch die Kraft zu leben schwinde durch den Einfluss von Gefühlen wie Angst, Schuld, Abhängigkeit, Zweifel und Verzweiflung, Hass und Wut sowie Schmerz.

In einer emotionalen Welt, die so geprägt ist, erkranken die Menschen.

Zur Genesung wäre es somit folgerichtig notwendig, diese Gefühle zu verwandeln und somit dem Leben wieder mehr freudige Aspekte und vielleicht sogar einen Sinn zu verleihen.

Schwinden Freude und Sinn, schwindet auch die Lebenskraft. Gelingt es jedoch, diese Gefühle umzuwandeln, kehren Lebensfreude und Lebenskraft zurück.

In der westlich orientierten Medizin versuchen wir, organische Krankheiten mithilfe von biochemischen Strukturen, die nicht korrekt ablaufen, zu erklären und zu behandeln.

Glücklicherweise gelingt dies häufig, aber beschränken wir uns auf diese Art der Heilung, wird die Chance auf eine ganzheitliche Betrachtung hierdurch verpasst.

Die akademische Welt tut sich schwer, bei der Behandlung solcher Erkrankungen Themen wie Angst, Schuldgefühle, Hass, Vergebung, Überheblichkeit, Arroganz sowie Machtbedürfnis zu berücksichtigen.

Die Formulierung einer ganzheitlichen und spirituell mitgeprägten Sichtweise zur Entstehung einer Erkrankung könnte folgendermaßen lauten: Wir erkranken an unserem Wesen, unserer Einstellung zum Leben, zu Anderen und zu uns selbst, die an einem starren Charakter festhält, der geleitet wird von Gefühlen wie Angst, Wut, Schuld sowie Hass und der immer vergleicht.

Das hierdurch ausgelöste Ungleichgewicht unseres Energiehaushaltes und die Blockade im Energiefluss lösen letztlich auch ein biochemisches Ungleichgewicht in der betroffenen Organstruktur aus.

Denkt man diese Theorie der spirituellen Medizin konsequent fort, wären wir es tatsächlich letztlich selbst, die für die Entstehung einer Erkrankung mitverantwortlich sind.

Weiter oben habe ich ausgeführt, dass in dieser ganzheitlichen Betrachtung die Lebensumstände eines Betroffenen ebenso mitverantwortlich für die persönliche Gesundheit sind.

Zur Genesung könnten wir einerseits versuchen, auf die ins Ungleichgewicht geratene Biochemie Einfluss zu nehmen, andererseits würde sich ergänzend anbieten, unsere innere

Haltung zu ändern und so die Grundlage für ein dauerhaftes energetisches Gleichgewicht zu schaffen.

Eine wesentliche Voraussetzung als eigener Beitrag zur Heilung ist in der Bereitschaft begründet, Verantwortung zu übernehmen.

Verantwortung ist hier im Sinne von *Urheberschaft* gemeint.

Wer sich darauf einlassen kann, dass er sein eigenes Selbst erschaffen hat, seine Lebensumstände selbst generiert, für seine Gefühle verantwortlich ist und letztlich auch für sein Leid, kann sich auch neu erschaffen und somit zur Heilung kommen. Ansätze hierfür zeigen auch die im ersten und zweiten Abschnitt des Buches vorgestellten neurobiologischen Erkenntnisse.

Wer jedoch die Verantwortung abgibt und andere Personen oder Situationen als Ursachen für den Leidenszustand benennt, verbaut sich den Weg zur ganzheitlichen Genesung.

Blicken wir nochmals auf die Ursachentheorie.

Wie geht das zusammen? Einerseits erkranken wir an unserem Charakter, andererseits sind es die Lebensumstände, die wir ja nur in geringem Maße beeinflussen können.

Trotzdem sind wir es selbst, die aus der Sicht der spirituellen Mediziner die Kraft zur Genesung in uns tragen.

Um diesen Gedanken nachvollziehen zu können, müssen wir uns gedanklich auf ein Experiment einlassen:

Was wäre, wenn wir es sind, die unsere Lebensumstände zu dem machen, was sie sind? Wie wäre es, wenn die Dinge nicht von Natur aus so sind, wie sie sind, sondern weil wir sie so sehen?

Ich erinnere mich gut an eine Übung, an der ich selbst im Rahmen einer ärztlichen Psychotherapie-Ausbildung teilgenommen habe.

Es wurden Zweiergruppen gebildet und jeder hat eine Postkarte bekommen. Die Karten waren unterschiedlich, meist mit Landschaftsbildern versehen, aber es gab jede Karte nur einmal.

Wir hatten eine Minute lang Zeit, unser Bild anzuschauen. Anschließend wurden die Postkarten eingesammelt. Nun sollte jeder seinem Gegenüber das Motiv auf der Karte beschreiben.

Am Ende wurden alle Karten ausgelegt und jeder sollte die *ihm beschriebene Karte* identifizieren.

Erstaunlich war, welche Bilder in den Köpfen der Zuhörer entstanden waren und wie schwer es teilweise schien, die beschriebene Karte zu identifizieren.

Es wurde uns in dieser Übung klar, dass die Beschreibung eines Bildes durch die *Vorstellungskraft des Zuhörers* vor dessen innerem Auge zu einem eigenen Bild entwickelt wird, das sehr stark von dem vom Beschreiber gesehenen Bild abweichen kann.

Die vermeintliche Verfälschung findet einerseits durch die dem Zuhörer zur Verfügung stehenden Referenzbilder aus dessen Leben statt, die von den auf der Karte beschriebenen Bildern abweichen können. Andererseits sind es aber die

Formulierungen und die Schwerpunkte, die der Beschreibende gewählt hat, die vor dem inneren Auge des Zuhörers wiederum bestimmte Bilder aufrufen.

Am Ende der Übung hat jeder ein klares Bild vor sich gesehen, das somit für ihn *eine Form von Realität* darstellt.

Tatsächlich haben die Probanden, die nach der Auflösung ihr inneres Bild mit der Karte verglichen haben, eingewandt, dass sie das Bild ganz anders beschrieben hätten.

Somit prägen also auch eigene Erfahrungen und Erlebnisse unsere Wahrnehmung und nicht nur das die Wahrnehmung auslösende Erlebnis selbst.

Albert Einstein hat es so formuliert: „Wenn eine Maus ins Weltall blickt, verändert sich das Universum."

Heute lassen sich solche Phänomene auch zunehmend häufig naturwissenschaftlich erklären.

Ein physikalischer Ansatz

Ein Experiment, dessen Ergebnisse den Überlegungen der Veränderbarkeit äußerer Umstände durch geistige Einflüsse Nahrung gaben, sind die Arbeiten von Physikprofessor Robert Jahn, seinerzeit Dekan an der Princeton University.

Er war Spezialist für Aeronautik und ihn trieb die Frage um, ob Menschen unwissentlich die von ihnen bedienten Maschinen beeinflussten. Die 1979 unter dem Kürzel PEAR (Princeton Engineering Anomalies Research) durchgeführten Versuchsreihen sind in der Folge mehrfach von verschiedenen Institutionen überprüft und bestätigt worden.

Eine klassische Versuchsanordnung sieht vor, dass Probanden einen Zufallsgenerator beeinflussen sollen.

Der Generator produziert eine Zahlenabfolge. Er wählt dabei immer nur zwischen 0 und 1.

Jede neue Zahl wird unabhängig vom bisherigen Ergebnis gewählt. Die statistische Wahrscheinlichkeit, dass eine 1 oder eine 0 fällt, beträgt also jedes Mal 50:50.

Läuft das Experiment eine Weile, würde man eine Verteilung von 1 und 0 in eben diesem Verhältnis von 50:50 erwarten.

Dies nun sollten die Probanden allein durch Konzentration auf eine der Zahlen versuchen zu beeinflussen.

Die Ergebnisse waren und sind nach wie vor erstaunlich.

Die Abweichungen von der statistisch errechneten Abfolge sind tatsächlich aufgetreten und waren auch wiederholt signifikant nachweisbar.

Bemerkenswerterweise scheinen sich auch in der Art der Veränderung gewisse Muster darzustellen, die jeweils einzelnen Individuen zuzuordnen sind.

Es scheint also möglich zu sein, bestimmte Menschen, die früher bereits Versuche gemacht haben, anhand der von ihnen produzierten Ergebnisse wiederzuerkennen.

Hierbei ist der Effekt, also das Maß an Abweichungen, offenbar stärker, wenn zwei Menschen aktiv sind, als wenn nur ein einzelner Mensch versucht, Veränderungen vorzunehmen. Gemischtgeschlechtliche Paare, die eine Herzensbeziehung zueinander haben, scheinen in der Beeinflussung am erfolgreichsten zu sein.

Ein Erklärungsansatz hierfür wäre, dass zwei Menschen gemeinsam ein für sie spezifisches, starkes Energiefeld bilden, das kräftiger ist als das eines Einzelnen.

Neuere Resultate, die den Makrokosmos unseres alltäglichen Lebens betreffen, schildert Lynne Mc Taggart in ihrem Buch „Die Kraft der Acht".

Sie erläutert, wie Gruppen von Menschen durch Konzentration auf geistiger Ebene Einfluss auf Pflanzen und Menschen nehmen, ohne in räumlich-physikalischem Kontakt zu ihnen zu sein.

Sie beeinflussen beispielsweise das Wachstum von Pflanzen, die dadurch im Vergleich zu einer Kontrollgruppe deutlich üppiger gedeihen, oder unterstützen erkrankte Menschen bei ihrer Genesung.

Zunächst erscheint es im Sinne der newtonschen Physik - die wir ja alle gelernt haben und die wir auch benötigen, um grundlegende Gesetzmäßigkeiten im Leben erklären zu können – unsinnig und unmöglich, dass der Betrachter einer Situation durch eben diese *Betrachtung* auch Einfluss auf das Gesehene nehmen kann oder dass jemand durch Konzentration allein und ohne weitere Einwirkungen eine Maschine beeinflussen könnte.

Materie kann nach den Gesetzen der newtonschen Physik nur durch das Einwirken von Materie verändert oder anders gerichtet werden.

Eine Billardkugel benötigt einen energetischen Impuls durch eine weitere Billardkugel, die wiederum selbst angestoßen wird und gegen die zweite stößt, damit sie sich in Bewegung setzt, und so weiter.

Die Physik im 18. und 19. Jahrhundert hatte den Anspruch, die objektiv fassbaren Aspekte der Natur zu begründen.

Diese Objektivität verblieb vollkommen unbeeinflusst vom Beobachter. Hierfür wurde die Welt in immer kleinere Teilaspekte auseinandergenommen, um zu verstehen, was vor sich ging.

Diese Vorgehensweise hat den Wissenschaften und dadurch den Menschen zu einem großen Gewinn an Verständnis und dadurch zu einer enormen Entwicklung verholfen.

Elektrizität, Licht, die Entwicklung von Maschinen, alles das wäre durch die großen Wissenssprünge in der modernen Physik nicht möglich gewesen.

Das Prinzip der objektiven Erfassung der Zusammenhänge hatte sich als sinnvoll erwiesen. Wurde etwas zerlegt und hatte man verstanden, was die Aufgabe der einzelnen Bausteine war, konnte man es wieder zusammensetzen und die

Funktion der einzelnen Bestandteile addierte sich wieder zu einer Gesamtfunktion.

Das funktioniert auch heute noch. Man stelle sich einen Motor vor, den man zerlegt und wieder zusammensetzt. Die einzelnen Komponenten sind ihrer Funktion klar zuzuordnen und auch austauschbar. Wenn man einen funktionierenden Motor zerlegt und anschließend wieder zusammensetzt, läuft er noch immer.

In der Welt der Quantenphysik jedoch scheint die Wahrheit eine andere zu sein.

Das 1913 von Nils Bohr entwickelte Atommodell beschreibt den Aufbau der Materie aus Atomen als deren Grundbausteine. Diese wiederum bestehen aus einem positiv geladenen Kern, der von negativ geladenen Elektronen umkreist wird. In diesem Modell wird also Materie –wie bisher in der wissenschaftlichen Betrachtungsweise - in ihre Bestandteile zerlegt und die Lokalisation sowie die Funktion der Einzelteile benannt.

So weit, so gut.

Im Jahre 1927 allerdings formulierte Werner Heisenberg als Ergebnis wissenschaftlicher Untersuchungen die *Unschärferelation* und brachte damit Unruhe in die bisherige Welt der physikalischen Erkenntnisse.

Das Gesetz besagt, dass im subatomaren Bereich zwei Eigenschaften eines Teilchens nicht gleichzeitig exakt bestimmbar sind.

Wenn man also den Ort und die Geschwindigkeit, oder den *Impuls* eines sich bewegenden Teilchens im subatomaren Bereich benennen will, so ist dies nicht möglich. Es ist entweder der *Ort* des Teilchens oder dessen *Impuls* bestimmbar, nicht jedoch beides.

Um es etwas verständlicher zu gestalten, nehmen wir noch einmal die Billardkugel zu Hilfe.

Stoßen wir eine Kugel an, könnte man nach dem Stoß eine Momentaufnahme erstellen und durch die Bestimmung des momentanen Ortes sowie der gemessenen Geschwindigkeit an dem Ort vorausberechnen, wo die Kugel hin rollt, wann sie an welchem Ort ankommt und wann sie auf die nächste Kugel stößt.

Dies ist bei Partikeln im subatomaren Bereich nicht möglich, da der genaue Ort und der aktuelle Impuls sich nicht gleichzeitig bestimmen lassen, für eine genaue Vorausberechnung wie bei der Billardkugel fehlt also immer eine Information.

Hierdurch wurde nun die Gültigkeit des Bohr´schen Modells infrage gestellt, denn nach der Unschärferelation können Ort und Geschwindigkeit eines Elektrons eben *nicht gleichzeitig* benannt werden.

Diese Gesetzmäßigkeit der Unschärferelation ist die Grundlage der *Quantenmechanik*, die von Nils Bohr und Werner Heisenberg gemeinsam und übereinstimmend um das Jahr 1927 in Kopenhagen interpretiert und formuliert wurde.

Nunmehr war klar, dass im Atommodell Elektronen nicht Ort und Geschwindigkeit gleichzeitig zugeordnet werden können, sondern lediglich gewisse *Aufenthaltswahrscheinlichkeiten.*

Diese Erkenntnis gilt als grundlegende Erklärung für die Tatsache, dass Materie nicht zwingend nur aus festen Bestandteilen besteht, sondern auch einen *Wellencharakter* aufweist.

Eine mögliche Erklärung für die in den PEAR-Forschungen erzielten, oben beschriebenen Ergebnisse könnte nun also darin liegen, dass, wenn Maschinen wie der Zufallsgenerator in ihren Grundbausteinen nicht nur aus fester Materie, sondern auch aus wellenförmiger Energie bestehen, auch andere Kommunikationsformen möglich sind als rein mechanische.

Energetische Wellen könnten miteinander agieren, so wie die gleichförmigen Wellen, die ein in einen stillen See geworfener Stein ausgelöst hat, von einem zweiten Steinwurf gestört oder verändert werden.

Es könnte also im PEAR-Experiment durch die Konzentration der Probanden auf die Maschine eine energetische Welle ausgelöst worden sein, die mit dem Wellencharakter der Materie in der Maschine interagiert hat.

Die Interpretation der quantenphysikalischen Erkenntnisse und deren Extrapolarisierung auf *zwischenmenschliche Kommunikation* und das *Bewusstsein* sind allerdings rein spekulativ und bisher nicht hinlänglich wissenschaftlich belegt!

Wir müssen uns jedoch gleichzeitig eingestehen, dass unsere etablierten naturwissenschaftlichen Modelle zur Erklärung der Welt mittlerweile an Grenzen stoßen.

In der Welt der Quantenphysik liefert beispielsweise das *Doppelspalt-Experiment* genügend Stoff, um unser Verständnis von Realität grundsätzlich infrage zu stellen.

Die Ergebnisse und deren unterschiedliche Interpretationen haben ein völlig neues Licht auf die Frage „Was ist wirklich real?" geworfen und beschäftigen auch heute noch Naturwissenschaftler in aller Welt.

In der von Isaac Newton begründeten Physik galt die Annahme, dass Licht sich wie ein Strom von einzelnen Partikeln ausbreitet, also etwa wie einzelne Materieteilchen.

Diese Theorie wurde nun in einem Experiment überprüft, dem Doppelspalt-Experiment.

Die Durchführung ist einfach, die Ergebnisse jedoch sind weitreichend.

Für den Versuch brauchen wir einen Lichtstrahl, eine lichtundurchlässige Wand mit zwei Spalten und einen Schirm hinter der Wand, auf dem das Licht aufgefangen werden kann, nachdem es durch die Spalten getreten ist.

Das Licht wird nun auf das Hindernis gestrahlt.

Auf dem Schirm hinter der Wand wird das Licht aufgefangen.

Folgt man der Annahme, dass sich Licht in einzelnen Teilchen fortbewegt, müssten sich die einzelnen Partikel in Form eines schmalen Streifens, dem lichtdurchlässigen Teil der Wand entsprechend, auf dem Schirm abbilden lassen.

Erstaunlicherweise bilden sich nun aber nicht nur zwei helle Streifen dort, wo das Licht durch das Hindernis durchscheint, sondern es befinden sich auch daneben mehrere Lichtstreifen, es entsteht das sogenannte *Interferenzmuster*.

Der Grund dafür liegt in der Tatsache, dass sich das Licht offenbar in Wellen bewegt. Der Lichtstrahl bricht sich an den

Spalten der Wand und es entstehen zwei Wellen, die aus den jeweiligen Spalten weiterstrahlen. Diese Wellen überschneiden sich auf dem Weg bis zum Schirm. Diese Überschneidungen bündeln sich und es entstehen zwischen und neben den unmittelbaren Lichtstreifen verschiedene helle Bereiche. Diese bilden das oben genannte Interferenzmuster.

Licht breitet sich also wellenförmig aus und nicht, wie von Newton angenommen, in Form von Materiepartikeln.

Doch damit nicht genug: Das Experiment wurde später wiederholt unter der Annahme, dass sich *feste Materiepartikel* anders verhalten müssten als Licht, welches sich ja, wie oben bewiesen, wellenförmig ausbreitet.

Es sollte also gewissermaßen die Gegenprobe durchgeführt werden.

Statt eines Lichtstrahls verwendeten die Forscher nun einzelne Elektronen.

Diese wurden ebenfalls durch die Spalten geschickt und anschließend wurde deren Auftreffen auf einer Oberfläche hinter der Wand mit den Spalten registriert.

Man wollte mit diesem Versuch belegen, dass hier eine Interferenz, wie sie bei den Wellen vorkommt, ausbleibt.

Hier erwartete man auf der anderen Seite nun also exakt zwei Streifen und keine Interferenzmuster, so als würde man einzelne Kugeln durch den Spalt schießen, die in der Verlängerung ihrer Flugbahn auf den Schirm treffen.

Doch auch hier fand sich sehr zum Erstaunen der Wissenschaftler ein Interferenzmuster!

Um diesen unerwarteten Effekt aufklären zu können, installierte man im nächsten Versuch nun Sensoren am Spalt, um das Verhalten der Elektronen exakt beim Durchtritt durch diese Lücke verfolgen zu können.

Als die Forscher das Experiment mit den installierten Sensoren wiederholten, geschah etwas noch Merkwürdigeres: Bei diesem Versuch entstand nun kein Interferenzmuster mehr, sondern es bildeten sich auf der Zieloberfläche die zuvor vermuteten zwei Lichtstreifen.

Das Ergebnis dieses Experiments warf einige Fragen auf und ergab viele Interpretationsmöglichkeiten.

Die Quantenphysiker erklären das Phänomen mit dem Modell der *Wahrscheinlichkeitsverteilung*.

Zunächst gibt es bei dieser Theorie nach deren Ansicht lediglich die *Information* über das Elektron, nicht die reale Bestimmung dessen Position. Es fliegt somit zunächst zum Zeitpunkt der Information nicht wirklich ein Elektron in Richtung Spalt, sondern es existiert gewissermaßen eine Wolke aus möglichen Positionen.

Erst wenn man genau nachmisst, hat es in dem Moment eine tatsächliche Position.

Nachdem also die Detektoren angebracht wurden, verschwindet die Wahrscheinlichkeitswolke, das Elektron bekommt seine exakte Position und in der Folge misst man exakt zwei Lichtstreifen am Schirm. Ohne die Detektoren aber fliegen zwei Wolken aus möglichen Positionen durch die Spalte, interagieren miteinander und es entsteht das Interferenzmuster. Das Elektron kann sich also sowohl wie ein

Materieteilchen als auch wie Licht bewegen, also wellenförmig.

In den Erkenntnissen der Quantenphysik finden wir somit die Grundlage für ein *anderes Verständnis von Materie*. Dadurch ergibt sich die Möglichkeit, dass unsere Realität möglicherweise ganz anders ist als bisher angenommen.

Ein wesentlicher Aspekt ist hierbei der *Einfluss des Beobachters* auf die Realität.

Ein möglicher Einfluss des Betrachters auf das Ergebnis in dem genannten Experiment wäre zum Beispiel die Wahl, die exakte Position des Elektrons zu bestimmen und somit den Materie-Aspekt von Licht hervorzuheben.

Eine andere Möglichkeit wäre, die exakte Position des Elektrons eben nicht zu bestimmen und damit die Wolke von möglichen Positionen zuzulassen und folglich ein Interferenzmuster entstehen zu lassen.

Auch hier kann eine Extrapolation auf das allgemeine Leben nur spekulativ sein, denn wissenschaftliche Evidenz im Sinne von Beweisbarkeit fehlt.

Doch mithilfe dieses Experimentes bietet sich *möglicherweise* ein Erklärungsansatz für die unterschiedliche Wahrnehmungen von Realität bei verschiedenen Menschen.

Bleiben wir noch einen Moment bei dem Modell der Wahrscheinlichkeiten und stellen uns ein Gedankenexperiment vor, das der österreichische Physiker Erwin Schrödinger 1935 in einem Brief an seinen Kollegen Albert Einstein beschrieb:

Eine Katze sitzt in einer verschlossenen Stahlkiste. Neben der Katze wird ein radioaktiver Stoff platziert, der mit einer

Wahrscheinlichkeit von 50 Prozent innerhalb einer Stunde zerfällt. Findet der Zerfall statt, strömt ein tödliches Gift aus und das Tier stirbt. Da der radioaktive Zerfall einem quantenmechanischen Prozess gleiche, so Schrödinger, müsse die Wellenfunktion für das Innere der Stahlkiste nach einer Stunde ein gleichwertiger Mix aus toter und lebendiger Katze sein.

In der modernen Sprache der Quantenphysiker ausgedrückt, handelt es sich hier um ein *Psi-epistemisches Modell*, in dem die Katze zwar entweder tot oder lebendig ist, man die Realität jedoch von außen nicht bestimmen kann. Der Zustand ist also nicht berechenbar.

Das Ergebnis bleibt daher solange offen, bis man selbst nachschaut.

Öffnet man die Kiste, werden das Ergebnis und dadurch auch die Realität erkennbar. Erst dann klärt sich die Wolke der Wahrscheinlichkeiten auf und eine eindeutige Situation wird erkennbar.

Somit nimmt in der theoretischen Überlegung in diesem Gedankenexperiment nun erneut der Betrachter, durch den Zeitpunkt seiner Entscheidung, nachzusehen, Einfluss auf die Gestaltung der Realität.

Diese Theorie findet sich auch in der Annahme der spirituellen Medizin wieder, nach der wir grundsätzlich die Möglichkeit zur Heilung in uns selbst tragen und folglich auch Einfluss auf unseren Gesundheitszustand und auf Genesung nehmen können.

Auf einen Nenner gebracht bedeutet dies: Wir konzentrieren uns entweder auf die Krankheit und fördern dadurch die reale Manifestation, oder wir stärken durch unser Bewusstsein und unser Handeln die Chance auf Genesung und schaffen somit einen Raum für Gesundheit. Beide Varianten existieren als Möglichkeit und das Ergebnis hängt vom Betrachter – also in diesem Falle dem Patienten – ab.

In anderen Kulturkreisen gelten diese oder ähnliche Theorien seit geraumer Zeit und finden dort auch Anwendung in den Konzepten der Heilung und Genesung.

Im Buddhismus beispielsweise gilt die Regel der *zwei Dimensionen des Bewusstseins*. Dieses kann hiernach ähnlich wie das Licht einerseits als Welle, andererseits als Teilchen wirken.

Wir können mit unserem Bewusstsein zum Beispiel einerseits in einem Zustand der Entspannung alle äußeren Erscheinungen gleichzeitig aufnehmen und verarbeiten. Die Eindrücke dringen gewissermaßen gleich einer Welle durch uns hindurch und werden allesamt wahrgenommen.

In der anderen Situation fokussieren wir uns mit unserem Bewusstsein auf ein bestimmtes einzelnes Ereignis. Wir beleuchten also einen Teilaspekt in unserer Umgebung und blenden alle anderen aus.

Zum besseren Verständnis sei hier ein Beispiel genannt:

Stellen Sie sich vor, Sie liegen in ihrem Urlaubsort auf einem Liegestuhl am Meer und blinzeln zufrieden in die Sonne.

Sie spüren den angenehm bequemen Liegestuhl im Rücken ebenso wie die wärmende Sonne auf Ihrem Körper. Sie sehen das türkisfarbene Meer, gleichzeitig hören Sie das sachte Rauschen der Wellen und genießen den angenehm zarten Windhauch, der die Palmblätter hörbar leicht hin und her bewegt und Ihre haut streichelt. Alle diese Informationen nehmen Sie gleichzeitig auf, ohne großartig darüber nachzudenken. Diese durchströmen Sie gleich einer Welle.

Nun stellen Sie sich vor, neben Ihnen startet plötzlich ein Mitarbeiter des Hotels eine Motorsäge, um eine der Palmen, die offensichtlich krank ist, zu fällen.

Jetzt hören Sie nur noch dieses laute Knattern der Motorsäge und ärgern sich über die Störung der Idylle, obwohl der Wind, das Meer, die Wärme, die Farbe des Wassers und der bequeme Liegestuhl unverändert geblieben sind. Sie schaffen es aber nicht mehr, sich auf die anderen Dinge zu konzentrieren.

In diesem Moment ist Ihr Bewusstsein von der reinen Wahrnehmung in den Zustand der Fokussierung auf einen Teil der Umgebung eingetreten und Sie blenden alles andere aus.

Diese Situation beschreibt, was im Buddhismus als *Anhaftung* bezeichnet wird.

In der buddhistischen Lehre von Gesundheit gilt seit jeher die Theorie, dass wir durch unseren Bewusstseinszustand auch unseren Geisteszustand und somit unsere Gesundheit beeinflussen können.

Hier gelten die Bewusstseinszustände der *Anhaftung, Abneigung* und *Illusion* als Ursachen unheilsamer Geisteszustände, wohingegen *Liebe, Großzügigkeit* und *Achtsamkeit* als Wurzeln für heilsame Zustände des Geistes angesehen werden.

Auch hier finden sich also Parallelen zur Welt der spirituellen Medizin.

Energie und interne Kommunikation

Kommen wir nun zur Anschauung der Energiezustände der Innenwelt, auf die ich in vorhergehenden Kapiteln bereits hingewiesen habe.

In der Welt der energetischen Heilansätze wird davon ausgegangen, dass Menschen „energetische Wesen" sind.

Neben dem festen Körper existiert in dieser Betrachtungsweise noch ein in aller Regel nicht sichtbarer sogenannter „feinstofflicher Körper". Dieser wird in Abhängigkeit von seinem Energiezustand verändert.

Fließt die Energie ohne Blockaden, ist ein gesunder Zustand erreicht. Wird der Fluss jedoch blockiert, resultieren Erkrankungen unterschiedlichster Art, die sich auch im sogenannten festen Körper manifestieren können.

Auch hier mag die Sichtweise zunächst befremdlich esoterisch anmuten, wenn wir über „innere Energie" sprechen.

Bei genauerer Betrachtung jedoch gibt es ein paar bemerkenswerte Aspekte, die es zu beleuchten gilt.

Auch hier soll zur besseren Vorstellung wieder ein Gedankenexperiment herangezogen werden:

Stellen Sie sich vor, Sie bewerben sich um eine neue berufliche Position. Es handelt sich hierbei um den Traumjob, den Sie immer wollten und auf den Sie jahrelang hingearbeitet haben.

Sie haben sich ständig weitergebildet, um die entsprechende Qualifikation zu erlangen, haben in Ihrem Job hervorragende Leistungen erbracht und gehen nun mit einem guten

Gefühl ins Vorstellungsgespräch. Sollten Sie diesen Job bekommen, wären sie beruflich am Ziel angekommen.

Das Interview läuft gut, Sie werden nach dem angenehmen Gespräch um zwei Tage Geduld gebeten, damit die Kommission eine Entscheidung treffen kann.

Erst am dritten Tag erfolgt dann der ernüchternde Anruf: Es gibt einen ebenso qualifizierten Mitbewerber, und eine Entscheidung konnte bisher nicht getroffen werden.

Sie werden gefragt, ob Sie sich gegebenenfalls auch vorstellen könnten, im Falle einer Ablehnung in einer anderen Position für das Unternehmen tätig zu werden, die aber nicht Ihren Vorstellungen entspricht.

Das Gespräch endet mit einer neuen Verabredung für ein Telefonat im Laufe der nächsten Tage.

Was passiert jetzt mit Ihnen?

Sie sind wahrscheinlich irritiert.

Selbstzweifel über Ihre Qualifikation stellen sich ein und verunsichern Sie. Mit wiederkehrenden Gedanken an die möglichen Szenarien nach dem kommenden Telefonat zermartern Sie Ihr Gehirn. Der Prozess nimmt Sie förmlich gefangen. Sie haben keine Lust, auszugehen, denken lieber nach. Die Gedankenschleife lähmt Sie in ihrer Aktivität, Sie reagieren gereizt. Hunger haben stellt sich auch nicht ein, an Essen ist nicht zu denken.

Am liebsten verkriechen Sie sich in Ihr Bett und machen gar nichts.

Dann kommt der Anruf:

Man hat sich für Sie entschieden.

Sie haben den Job, den Sie immer wollten!

Sie legen den Hörer auf und plötzlich sind Sie energiegeladen, könnten Bäume ausreißen und die ganze Welt umarmen. Ihre Lethargie, die eben noch zu spüren war, ist augenblicklich verflogen. Sie fühlen sich stark und unbesiegbar!

Woher kommt diese energetische Wandlung, die viele von uns in ähnlicher Form schonmal erlebt haben?

Sicher nicht durch Nahrungsaufnahme oder energetisierende Drinks.

Das, was sich verändert hat, ist Ihr *Bewusstsein*.

Selbstzweifel sind durch eine positive Bestätigung ersetzt worden und im Bruchteil einer Sekunde verändert sich Ihr Energiehaushalt.

Die positive Energie, die Kraft und Lebensfreude vermittelt, erfasst alle Bereiche des Körpers.

Ihr Bewusstsein nimmt also diesen immensen Einfluss auf den gesamten körperlichen Zustand.

Fakt ist nun aber, dass „Bewusstsein" naturwissenschaftlich nicht messbar ist, obwohl jeder Mensch mit dem Begriff etwas anfangen kann.

In diesem Falle gilt die Ansicht der Wissenschaft, „was nicht messbar ist, ist nicht da", sicherlich nicht.

Unser Bewusstsein, so der Dalai Lama, ist nicht materiell und auch nicht räumlich an unser Gehirn gebunden. Der Sitz des Bewusstseins könne durchaus auch außerhalb des Körpers sein.

In der ganzheitlichen Medizin geht man, wie bereits gesagt, davon aus, dass ein Organ nie alleine erkrankt, sondern dass Erkrankungen das gesamte „System Mensch" betreffen.

Spirituelle oder energetische Heiler arbeiten nach der Auffassung, dass eine Störung des energetischen Gleichgewichts im Körper die Ursache für die Manifestation einer Erkrankung ist. Eine lang andauernde oder sehr schwerwiegende Störung führt nach dieser Theorie letztlich zur Manifestation einer Erkrankung.

Stellt man das Gleichgewicht wieder her, ist die Chance auf Heilung gegeben.

Der im obigen Beispiel dargestellten energetischen Wandlung entsprechend wird in weiten Kreisen der spirituell Heilenden davon ausgegangen, dass wir einen unerschöpflichen Quell an Energie in uns tragen, den wir nutzen können, um uns selbst zu heilen. Diese Energie muss hierfür freigesetzt werden und dann den gesamten Körper ausfüllen, also gewissermaßen alle Zellen erreichen.

Das Bewusstsein spielt hierfür eine entscheidende Rolle, doch zur Erklärung der Prozesse müssen wir noch einen weiteren Aspekt betrachten:

Wenn in der Theorie bei einer Erkrankung eines Organs der gesamte Körper betroffen ist und andererseits energetisierende Veränderungen überall im Körper wahrgenommen werden sollen, muss es auch ein Informationssystem geben, das eine Vernetzung aller Strukturen gewährleistet.

Wie also kommunizieren die Zellen miteinander?

Wir wissen, dass Unmengen an biochemischen Prozessen ablaufen, um unseren Körper funktionstüchtig und am Leben zu halten.

Doch reicht das als Erklärungsmodell für zelluläre Kommunikation aus?

Der deutsche Biophysiker Fritz Walter Popp vertrat die Auffassung, dass biochemische Prozesse alleine nicht ausreichen, um die Kommunikation der Zellen untereinander sicherzustellen.

Vor allem die Geschwindigkeit der relativ langsam ablaufenden biochemischen Vorgänge würde nicht ausreichen, um einen sofortigen, instantanen Informationsaustausch auf zellulärer Ebene sicher zu stellen, so Popp. Ein akuter Energieschub, wie oben nach dem Telefonat, wäre mittels biochemisch ablaufender Prozesse allein nicht erklärbar.

Er entwickelte das Modell eines Informationssystems, welches den Transport von Informationen in Lichtgeschwindigkeit bewerkstelligen würde (13).

Bis heute ist nicht bewiesen, ob ein Austausch von Informationen zwischen den Zellen auf diese Weise stattfindet, gleichwohl ist mittlerweile unstrittig, dass Zellen Licht, sogenannte Biophotonen, aussenden und dadurch eine gewisse Information über ihren energetischen Zustand abgeben (25, 29, 41).

Die neueren Erkenntnisse hierzu stammen vor allem aus der Lebensmittelforschung, in der gezeigt werden konnte, dass Zellen Licht speichern und aussenden.

Je stärker das Licht, desto höher die Ordnung der Zellen, so lautet die Theorie der Lebensmittelforscher. Je höher die Ordnung, desto besser sei das Nahrungsmittel für den Organismus, da das gespeicherte Licht Einfluss auf hier stattfindende Ordnungsprozesse nehme.

Der bereits zitierte Quantenphysiker und Nobelpreisträger Erwin Schrödinger war schon davon überzeugt, dass wir mit der Nahrung nicht nur die darin enthaltenen Kalorien aufnehmen, sondern letztlich auch deren Ordnung.

Popp, der das Phänomen der Lichtaussendung mittels Lichtverstärker nachweisen konnte, entwickelte diese Erkenntnis zu seinem Kommunikationsmodell weiter.

Ähnliche Ideen, die diese Theorie stützen könnten, kommen aus einer anderen Richtung.

Der Neurowissenschaftler Carl Pribram hat gemeinsam mit dem Philosophen und Physiker David Bohm bereits in den 60er Jahren ein Modell entwickelt, nach dem das menschliche Gehirn nicht nur mittels seiner einzelnen Bausteine Funktionen ausübt, sondern darüber hinaus gleich einem Informationsfeld eine Verbindung zu allen Bereichen des Körpers herstellt.

Pribram postulierte, das Gehirn sei ein *organisches Hologramm*.

Ein Hologramm, also eine dreidimensionale Abbildung eines Objektes, entsteht, wenn man zur Erstellung desselben anders als bei der klassischen Fotografie nicht nur die Intensität und die Frequenz des Lichtes, sondern eben auch dessen wellenförmigen Charakter nutzt, um damit präzise Interferenzmuster zu erzeugen, die dann die Dreidimensionalität des abgebildeten Objektes bedingen.

Man benötigt hierfür allerdings kohärentes Licht, also genau das Licht, zu dessen Emission Zellen in der Lage sind, was durch Popp und mittlerweile einige andere Wissenschaftler im Vorfeld bewiesen werden konnte.

Pribram geht nun noch einen Schritt weiter, in dem er postuliert, dass das Gehirn mit seinen geistigen und bewussten Eigenschaften als holografisches System Teil eines durchgängigen Organisationssystems nicht nur des Körpers, sondern des gesamten Universums sei. Das würde letztlich bedeuten, dass Menschen eine Verbindung jenseits neurologischer Strukturen durch eine bewusste Anbindung an ein Informationsfeld auch zu Bereichen außerhalb des Körpers herstellen können.

Eine Auffassung, die in dem oben erwähnten Postulat des Dalai Lama wiederzufinden ist.

Somit bietet sich mit dieser Annahme nicht nur ein Erklärungsmodell für die zelluläre Kommunikation, sondern auch für Phänomene des nichtlokalen Bewusstseins, die weiter oben unter anderem in der Beschreibung der PEAR-Studie oder den Experimenten von Lynne Mc Taggart dargestellt worden sind.

Die noch junge Theorie, die den lebenden Organismus als ein Quantensystem darstellt und davon ausgeht, dass wir dazu in der Lage sind, nicht nur auf uns selbst, sondern über energetische Felder auch auf andere Organismen einzuwirken und uns energetischer Quellen zu bedienen, ist wissenschaftlich bisher nicht bewiesen.

Sie würde allerdings Annahmen erklären, die seit jeher in vielen Systemen traditioneller Medizin gelten und auf die sich eben auch spirituelle Heiler berufen.

Im Buddhismus beispielsweise zählt die Unterscheidung zwischen dem persönlichen und dem universellen Bewusstsein zu den Grundprinzipien der buddhistischen Psychologie.

Zustände, in denen das universelle Bewusstsein erlebt wird, werden immer wieder beschrieben. Es handelt sich um sogenannte *luzide Träume*, in denen der Anschluss an das universelle Bewusstsein gelingt.

Lange hielt die westliche Welt solche Zustände für unmöglich, mittlerweile jedoch hat ein Team von Schlafforschern unter der Leitung von Stephen La Berge an der Stanford University die Möglichkeit des luziden Träumens und die bewusste Traumsteuerung nachgewiesen.

Auch quantenphysikalisch sind *nicht-lokale* Wirkungen längst bewiesen. Im Gesetz der *Spinverschränkung* wird dargestellt, dass zwei Photonen, die aus einer gemeinsamen Quelle stammen und in unterschiedliche Richtungen davonfliegen, miteinander in Verbindung bleiben.

Ändert sich die Polarisationsrichtung (der Spin) des einen, ändert sich im selben Moment auch die des anderen Photons, egal wie weit sie voneinander entfernt sind.

Die wissenschaftliche Beweislage für den Nutzen spiritueller Ansätze in der Medizin ist letztlich aber unklar.

Wer also auf unumstößliche Beweise warten möchte, bevor er sich dieser Methode gegenüber öffnet, muss sich weiter gedulden.

Der Wunsch der Patienten nach alternativen Lösungsansätzen ist allerdings deutlich spürbar und nimmt zu.

Wenn es gelingt, westliche Medizin mit spirituellen Heilmethoden zu kombinieren und dabei eine klare Indikationsdemarkation im Auge zu behalten, wird es den alternativmedizinisch zu Tode behandelten Patienten, vor dem die westliche Medizin warnt, nicht geben.

Die große Sorge, eine schulmedizinisch heilbare Erkrankung wird alternativmedizinisch solange erfolglos behandelt, bis diese so weit fortgeschritten ist, dass sie schulmedizinisch nicht mehr geheilt werden kann, wäre dann unbegründet.

Warum also probieren wir es nicht aus und tragen somit zur Entwicklung der Beweislage bei.

Risiken und Nebenwirkungen der spirituellen Behandlungsmethoden sind im eben beschriebenen Setting sicher gering.

Sexualität in der energetischen Medizin - Wie viel Spiritualität braucht der Mann?

Wie wir bereits im Vorfeld gelernt haben, beziehen sich spirituell orientierte Heiler immer auf das Gesamtkonstrukt Mensch, genauer gesagt auf die Beziehung zwischen Körper, Verstand und Seele und dem daraus resultierenden Spannungsfeld. Der Begriff der *Energie* kommt gehäuft zur Anwendung, um eben dieses Spannungsfeld zu erläutern.

Ein wesentlicher Aspekt, der zum besseren Verständnis dieser Theorie beiträgt, verbirgt sich hinter folgender Überlegung: Der Körper alleine kann sich nicht selbst erfahren. Nehmen wir als Beispiel unseren Finger, der die Tasten eines Mobiltelefons betätigt. Der Finger berührt zwar die Tasten, aber es ist nicht der Finger selbst, der spürt, wann er welche Tasten drückt, sondern es sind die Nervenenden, die unserem Verstand melden, wann eine Berührung stattgefunden hat.

Die Verdrahtungen im Gehirn kombinieren verschiedene Impulse aus Sensoren im Finger mit visuellen Eindrücken. Hat der Finger die richtige Taste gedrückt, erfolgt die Rückmeldung aus dem Verstand, die ihn wissen lässt, was er getan hat.

Der Finger kann sein Dasein als Finger also nicht selbst spüren, er wird gewissermaßen zum Finger durch die Rückmeldung aus dem neurobiologischen Gesamtkonstrukt.

Komplex wird es, Erfahrungen zu verorten, wenn neben diesen verstandgesteuerten motorischen Abläufen auch noch Gefühle mit ins Spiel kommen.

Auf diese Weise aber erschließen sich ganzheitlich orientierte energetisch arbeitende Mediziner, deren Heilkunst ich unter dem Begriff „spirituelle Medizin" subsumiere, krankheitsverursachende Störungen.

So verhält es sich unter ganzheitlichen Aspekten auch mit der Sexualität:

Es ist nicht nur unser Körper, der sexuell aktiv ist, sondern es ist unser gesamtes System, das diese Erfahrung macht und diese auch erst zu dem werden lässt, was sie ist.

Verstand und Seele sind also gleichermaßen an einem sexuellen Akt beteiligt wie unser Körper.

Dabei ist es entscheidend für die Entwicklung der jeweiligen Situation, in welchem Zustand sich unser System befindet, während wir Sexualität erleben.

Sollte zum Beispiel der Verstand mit anderen Dingen beschäftigt sein, während wir sexuell aktiv sind, wird diese Erfahrung nur unvollständig erlebt.

Ebenso kann eine blockierte Seele, die unterbewusst von Versagensängsten oder Schuldgefühlen geplagt ist, den Energiefluss einer ausgeglichenen Sexualität abbrechen oder gar nicht erst aufkommen lassen.

Geht man nun noch einen Schritt weiter, gilt es folgenden Umstand zu betrachten: In aller Regel spielt sich Sexualität ja im Rahmen einer Beziehung zu einem Partner ab. Auch hier gilt die Sicht auf das Ganze: Es ist also nicht nur der *Körper* unseres Partners, mit dem wir in eine sexuelle Beziehung treten, sondern es sind gleichermaßen auch Geist und Seele mit im Spiel. Auch hier findet ein energetischer Austausch statt, der über den rein körperlichen Akt hinausgeht.

Mithilfe dieses ganzheitlichen Konzeptes können nun auch Erklärungsmuster der Energiemediziner für sexuelle Störungen verstanden werden.

Im Bereich der gestörten Sexualität haben wir es häufig mit grundlegenden Themen von Angst oder Frustration zu tun.

Bei Männern spielen in diesem Kontext *Verlangen* und *Wollen* eine Rolle. Werden diese Themen in der Sexualität nicht bedient, erfolgt oft ein schmerzbedingter Rückzug auf zweierlei Art: Entweder folgt eine Herabwürdigung der Sexualität sowie des Partners, oder Verärgerung macht sich breit.

Der Rückzug von der Sexualität dient der Entwertung der sexuellen Lust, nach dem Motto: „Ich brauche das nicht."

Diese Entwertung dient dem eigenen Schutz, denn was nicht gebraucht wird, kann einem auch keinen Schmerz zufügen.

Es werden aber auch Alternativen zum Rückzug beschrieben.

Männer, die zwingend eine Befriedigung von Verlangen und Wollen anstreben, landen dann in einer Form von Promiskuität. Die Beziehung zum Sexualpartner selbst steht im Hintergrund, es wird lediglich der sexuelle Akt angestrebt, um möglichst schnell eine Befriedigung der Bedürfnisse zu erreichen.

Hier ist Frustration vorprogrammiert, denn durch die temporäre Befriedigung kann sich eine dauerhafte Zufriedenheit in Ermangelung einer echten Beziehung nicht einstellen.

Hinzu kommen möglicherweise Schuldgefühle, die durch kurzfristig wechselnde Partnerschaften und die damit verbundenen Beziehungsstrukturen verursacht werden können.

Einerseits wird nach Befriedigung gesucht, andererseits erzeugt das Vorgehen ein schlechtes Gewissen und dieses erfährt – egal ob physisch erlebt oder rein in der Vorstellungswelt – eine negative emotionale Ladung, so dass Angst und Unsicherheit resultieren.

So ein energetisches Spannungsfeld, in dem sich der Mann gleichzeitig zwischen triebhafter Lust einerseits und moralischer Verwerflichkeit andererseits befindet, könnte beispielsweise die Symptomatik eines *vorzeitigen Samenergusses* psychodynamisch und energetisch erklären. Hier *muss* der sexuelle Akt möglichst schnell zu Ende gebracht werden, um dem schlechten Gefühl zu entkommen.

In der spirituellen Heilkunde oder in der Energiemedizin geht es nun darum, solche energetischen Blockaden aufzudecken und zu lösen.

Das Energiefeld von uns selbst und auch das in unserem Umfeld sind nach Ansicht energetisch Heilender mit einer gewissen Übung wahrnehmbar.

Das Herz zum Beispiel verändert sein Energiefeld in Anhängigkeit von inneren Zuständen der Befindlichkeit.

Die elektromagnetisch nachweisbaren Veränderungen dieses Energiefeldes sind weit über den Sitz des Organs hinaus messbar (50).

Wesentlich für das Verständnis der Pathophysiologie, also der Entstehungserklärung von Störungen, ist die Annahme, dass das erzeugte Energiefeld von unserer eigenen *persönlichen Prägung* desselben in dieser Beziehung entscheidend abhängt.

Wir erschaffen – folgen wir diesen theoretischen Betrachtungen - dadurch selbst die Rahmenbedingungen und die Grenzen für eine Interaktion mit unserem Partner.

Mit anderen Worten: Je nachdem, wie gut wir uns selbst fühlen, wird das sexuelle Erlebnis limitiert oder auch nicht.

Im ersten Abschnitt dieses Buches habe ich darauf hingewiesen, dass die persönliche Stimmungslage bei Männern einen nicht unerheblichen Einfluss auf das Sexualleben hat.

Wie im Jahre 2003 in der Zeitschrift „Archieves of Sexual Behaviour" dargestellt wurde, neigen Männer stimmungsabhängig zu sehr unterschiedlichem Sexualverhalten, was im Affekt sogar gesundheitsgefährdend sein kann (4).

Dieser Aspekt, der neurobiologisch durch eine Veränderung der aktiven Botenstoffe erklärt werden könnte, wird auch von den energetisch arbeitenden Medizinern aufgenommen.

Entscheidend ist hierbei Folgendes: Dieser *eigene Zustand*, der Einflüsse aus Körper, Geist und Seele erfährt, liegt zum Teil im Verborgenen, also im Unterbewusstsein. Im Falle einer gestörten Sexualität und eines daraus resultierenden Veränderungswunsches erschwert dies in so einer Situation den Heilungsansatz und erfordert gleichzeitig die Bereitschaft des Betroffenen, Wege zu gehen, um an den Kern des Problems zu gelangen.

In der energetischen Medizin ist anerkannt, dass viele solcher Blockaden nicht einfach im Unterbewusstsein lokalisiert sind und durch ein erstes Hinsehen aufgedeckt und gelöst werden.

Vielmehr liegen diese häufig tiefer und können erst durch das Aufspüren oberflächlicher Blockaden zur Entfaltung kommen und somit entdeckt werden. Die Arbeit gleicht sozusagen einem schichtweisen Aufdecken einzelner Strukturen und Zustände, ähnlich dem Schälen einer Zwiebel, wobei hier eben neben den körperlichen Aspekten auch die Psyche und insbesondere die Gefühlszustände und deren Lokalisation im Körper betrachtet werden, denn in diesem Kontext erklären sich energetische Interaktionen.

Entsprechend gestalten sich auch die Untersuchungsvorgänge, die neben Gesprächen auch körperliche Untersuchungsmethoden nutzen, um die Lokalisation zu detektieren.

Ist dieser Schritt vollzogen, kann eine körperbetonte Arbeit erforderlich werden, um den Patienten diesen Zustand besser spüren zu lassen und somit die Kooperation, oder die Compliance, zu erhöhen.

Im weiteren Verlauf wird dann an der Auflösung und Neustrukturierung dieser energetischen Umstände gearbeitet. Hierfür gibt es zahlreiche Berichte über unterschiedliche Vorgehensweisen, die hier nicht aufgezählt werden, da eine klare Systematik sowie wissenschaftliche Evidenz nicht verfügbar sind.

Ich selbst habe eine energiemedizinische Untersuchung erlebt, bei der ich bekleidet war und es zu keiner Berührung kam, wo jedoch über ein „Scannen" des Körpers mit den Händen des Therapeuten Verletzungen wie ein Muskelfaserriss oder eine zurückliegende Fraktur richtig benannt wurden, ohne vorher darüber gesprochen zu haben.

Nach Betrachtungen aus der energetischen Medizin kommen wir also aus dem Dilemma der unbefriedigenden Sexualität heraus, wenn wir Männer zunächst akzeptieren, dass die rein körperliche Annäherung an Sexualität ein *niederes Energiefeld* darstellt.

Schaffen wir es, den Fokus nach innen zu bewegen und letztlich eine ganzheitliche Annäherung zu wagen, können wir energetische Blockaden lösen und das sexuelle Erleben auf ein höheres energetisches Niveau bringen, auf dem ein Erleben von Sexualität Körper, Geist, Seele und das Energiefeld des Partners beinhaltet.

Das erhöht nicht nur den Lustgewinn, sondern auch das Erleben als Ganzes, und kann die durch blockierte Energien ausgelösten körperlichen Symptome wie eine gestörte Erektion, einen vorzeitigen Samenerguss oder einen Mangel an sexueller Lust zur Heilung bringen.

Dies wiederum hat positive Auswirkungen auf die Selbstwahrnehmung und auch auf die Partnerschaft, da das energetische Umfeld immer mitbeteiligt ist und sich der Energiefluss über den sexuellen Akt selbst hinaus erstreckt.

IV Wrap Up

Ein Wort zum Schluss

Dieses Buch ist kein Plädoyer *für* oder *gegen* eine Heilkunst.

Die Motivation zur Recherche für diese Thematik ist durch persönliche Erfahrungen im beruflichen Alltag und im erweiterten persönlichen Umfeld entstanden.

Die Ergebnisse sollen wertfrei im Sinne einer Ergänzung der Behandlungsmöglichkeiten von ganzheitlich zu begreifenden Störungen der Gesundheit verstanden werden.

Zwei Dinge sind mir dabei wichtig:

Erstens: Ich möchte mit diesem kleinen Werk den Grundstein für eine Brücke legen, über die sich unterschiedliche Konzepte zur Heilung miteinander verbinden lassen. Ich bin Vollblutmediziner und bis ins Mark überzeugt vom Segen und Nutzen, die in dieser Wissenschaft liegen.

Im Laufe der Jahre habe ich aber auch Limitierungen erlebt und bemerkenswerte Konzepte kennengelernt, die helfen können, diese zu überwinden.

Wenn wir uns aus den verschiedenen Lagern der Heilkunst miteinander verbinden und einen Austausch fördern, der wissenschaftliche Betrachtungen miteinbezieht, können wir voneinander lernen und gemeinsam eine neue Medizin begründen.

Zweitens: Männer müssen Verantwortung übernehmen!

Damit beginnen Sie am besten bei sich selbst. Wir haben es in der Hand, unsere Gesundheit mit zu bestimmen! Warum es so schwer ist, dies zu tun und wie wir diese Schwierigkeiten überwinden können, habe ich versucht, mithilfe dieses Buches darzulegen.

Es ist viel verlangt, Verantwortung in einem Bereich zu übernehmen, in dem wir uns noch nicht richtig auskennen. Wichtig ist dabei aber die innere Überzeugung, diesen Schritt *wirklich* gehen zu wollen.

Die gute Nachricht: Auf dem Weg in die Verantwortung kann ein Teil delegiert werden. Der entscheidende, weil schwierigste Schritt, ist aber auch hier wie fast immer der erste und muss von uns Männern kommen.

Haben wir diesen erst unternommen, folgen viele Veränderungen oft „wie von selbst" und es tun sich neue Wege auf.

Zur Erleichterung habe ich für die Initiation einige wesentliche Stichpunkte auf einer To-do Liste zusammengestellt.

To Do Liste

1.Medizinmann finden.

Hausarzt:

Aufgabe: regelmäßiger Gesundheitscheck (Blutwerte, EKG, Ultraschall), Koordination der *altersentsprechenden Vorsorgeuntersuchungen,* Ernährungsberatung, Raucherentwöhnung, Verwaltung der lebenslangen Gesundheitsdaten.

Urologe:

Aufgabe: Männergesundheit, Krebsvorsorge, geschlechtsspezifische Themen, Sexualität.

2.Themen finden.

Was beschäftigt mich in der Tiefe *wirklich?* Wofür brenne ich?

Was bereitet mir Angst?

Begeben Sie sich auf die Reise zu sich selbst.

Warum das wichtig ist, lesen Sie in Abschnitt I und II.

Weitere Hilfestellung gibt es unter:

www.Mission-Manneskraft.de

3. Männer finden.

Suchen Sie Gleichgesinnte, die sich wie Sie auf der Mission befinden. Warum das wichtig ist, lesen Sie im Abschnitt II.

Hilfestellung gibt es unter: www.Mission-Manneskraft.de

4. Körper finden.

Stellen Sie Kontakt zu Ihrem Körper her. Beschränken Sie sich aber nicht nur auf Muskeltraining! Trainieren Sie auch ihre Ausdauer.

Spüren Sie ihren Körper und schaffen Sie Raum für Trainingseinheiten, in denen Sie sich auf den *Energiefluss durch den Körper* konzentrieren. Erklärungen hierzu finden Sie in Abschnitt I und warum Yoga gut für Sie ist lesen Sie im Abschnitt II.

5. Stille finden.

Schaffen Sie Raum für sich. Meditieren Sie. Warum Sie das tun sollten, erfahren sie im Abschnitt II.

6. Mut finden.

Veränderungen *wirklich* anzugehen und dazu zu stehen erfordert Willen und Mut. Lassen Sie sich auf die Möglichkeit einer ganzheitlichen Betrachtung Ihrer Person ein. Warum Spiritualität heilsam und sexy ist, lesen Sie im Abschnitt III. Hilfestellung gibt es unter: www.Mission-Manneskraft.de.

Quellennachweis

1. Aftanas, L., Golosheykin, S.: Impact of regular meditation practice on EEG activity at rest and during evoked negative emotions. Int. J. of Neuroscience Vol. 115, 2005 – Issue 6

2. Armour, J.A.v Anatomy and function of the intrathoracic neurons regulating the mammalian heart. Reflex Control of the Circulation, Boca Raton, CRC Press, 1991

3. Arnsten, A.F., Goldman-Rakic, P.S.: Noise stress impairs prefrontal   cortical function in monkeys: evidence for a hyperdopaminergic mechanism. Archives of General Psychiatry, BD 55(4) S362-368 1998.

4. Bancroft, J., Janssen, E, et al.: The Relationship between mood and sexuality in heterosexual men. Archieves of Sexual Behaviour, Vol 32, No.3 June 2003, pp. 217-230 2003

5. Blank, M., Goodman, R.: DNA is a fractal antenna in electromagnetic fields. Int J Radiat Biol. 2011 Apr;87(4): 409-15

6. Blazina, C., Eddings, R. et al.: The Relationship between Masculinity Ideology, Loneliness and Separation-Individuation Difficulties. The Journal of men´s studies. 2007; 15 (1): 101-109

7. Brotto, L.A., Basson, R., Luria, M.: A mindfulness-based group psychoeducational intervention targeting sexual arousal disorder in women. J Sex Med 2008; 5: 1646-1659

8. Bundesministerium für Familie, Senioren, Frauen und Jugend: Jungen und Männer im Spagat: Zwischen Rollenbildern und Alltagspraxis. Eine sozialwissenschaftliche Untersuchung zu Einstellungen und Verhalten. 2014

9. Carison, V. G., Wong S.S.: can Traumatic Stress alter the Brain? Understanding the Implications of Early Trauma on Brain Development and Learning. J. Adolesc. Health. 2012; 51: 23-28

10. Carmichael, C.L., Reis, H.T., Duberstein, P.R.: In your 20s it's quantity, in your 30s it's quality: the prognostic value of social activity across 30 years of adulthood: Psychol. Aging: 2015 Mar;30(1):95-105

11. Chang, D.G., Holt, J.A., et al.: Yoga for treatment of chronic low back pain: A systematic review of the literature. J. Orthop. Rheumato. 2016; 3 (1):1-8

12. Childre, D, McCrathy, R.: Psychophysiological Correlates of Spiritual Experience. Biofeedback 2001; 29(4): 13-17

13. Cohen, S., Popp, F.A.: Biophoton emission oft he human body. Journal of Photochemistry and Photobiology. B Biology. 1997 Sep;40(2):187-9.

14. Davidson, R., Kakat-Zinn, J. et al.: Alterations in brain and immune function produced by mindfulness meditation. Psychosomatic Medicine: July 2003-V 65-Issue 4-p564-570

15. Davidson, R., Lutz, A.: Buddha´s Brain: Neuroplasticity and Meditation. IEEE Signla Process. Mag. 2008; 25:176-174

16. Doll, A., Hölzel, B.K., et al.: Mindful attention to breath regulates emotions via increases amygdala-prefrontal cortex connectivity. Neuroimage. 2016; 134:305-313.

17. Engström, M. Pihlsgard, J. et al.: Functional magnetic resonance imaging of hippocampal activation during silent mantra meditation. J. Altern. Complement. Med. 2010; 16: 1253-1258

18. Epel E.S., Blackburn, E.H., et al.: Accelerated telomerase shortening in response to life stress. Proc. Natl. Acad. Sci. USA. 2004;101: 17312-17315

19. Fabrega, H., Leon, C. et al.: Culture, Spirituality and Psychiatry. Current opinion in psychiatry 2000; 13 (6): 525-543

20. Feldman, H.A., Goldstein, J., Hatzichristou, D.G.et al: Impotence and its medical and psychosocial correlates: Results of the Massachusetts Male Aging Study. J Urol 151, 54-61, 1994

21. Felsman, J.K., Vaillant, G.: Resilient Children as adults: a 40 Year study. In: Anthony, E. J., Cohler, B.J.: The invulnerable Child, New York, Guildford Press 1987

22. Galantino, M.L., Bzdewka, T.M., et al.: The impact of modified hatha yoga on chronic low back pain: A pilot study. Altern Ther Health Med.2004; 10:56-9

23. Gapp, K., Bohacek, J. et al.: Potential of Environmental Enrichment to prevent Transgenerational Effects of Paternal Trauma. Neuropsychopharmacology. 2016 Oct, 41(11): 2749-2758

24. Galinsky, A.M., Waite, L.J.: Sexual activity and psychological health as mediators of the relationship between physical health and marital quality. The journals of gerontology 2014: B 69 (3):482-492

25. Garo, M., Häner, R.: A DNA-Based Light-Harvesting Antenna. Angewandte Chemie, International Edition, 2012; 51;4: 916-919

26. Gothe, N.P., Khan, I. et al.: Yoga Effects on Brain Health. A systematic review of the current literature. Bain Plasticity 2019; 5 (1): 105-122.

27. Guglietti, C.L., Daskalakis, Z.J et al.: Meditation-related increases in GABA modulated cortical inhibition. Brain Stimul. 2013; 6:397-402.

28. Hall, J. A.: How many hours does it take to make a friend, in: Journal of social and personal relationships, 2018

29. He, M., Sun, M., et al.: A Chinese literature overview on ultra-weak photon emission as promising technology for studying system-based diagnostics. Journal of complementary therapies in Medicine. 2016;25:20-26

30. Hernandez, S.E., Suero, J. et al.: Increased Grey Matter Associated with Long-Term Sahaja Yoga Meditation: A Voxel-Based Morphometry Study. PLoS ONE. 2016

31. Hofmann, S.G., Sawyer, A.T. et al.: The effect of mindfulness-based therapy on anxiety and depression: A meta-analytic review. J. Consult. Clin. Psychol. 2010 Apr. 78(2): 169-183

32. Hoge, E.A., Chen, M.M. et al.: Loving-Kindness Meditation practice associated with longer telomeres in women. Brain Beha. Immun. 2013; 32:159-163

33. Holt-Lunsted, J., Smith, T.B., Layton, B.: Social Relationships and Mortaliy Risk: A Meta-analytic review. PLoS Med 7(7): e1000316
https://doi.org/10.1371/journal.pmed.1000316

34. Hölzel, B.K., Ott, U. et al.: Investigation of mindfulness meditation practitioners with voxel-based morphometry. Social Cognitive and Affective Neuroscience Advance Access published December 3, 2007

35. Jannini, E.A., Fisher, W.A., et al.: Controversies in Sexual Medicine: Is Sex Just for Fun? How Sexual Activity improves Health. The Journal of Sexual Medicine 2009. 6 (10), 2640-2648

36. Janse van Rensburg, A.B.R., Myburgh, C.P.H., et al.: The role of spirituality in specialist psychiatry: a review of the medical literature. African Journal of Psychiatry 2013, 16: 247-255

37. Keng, S-L., Smoski, M.J., Robins, C.J.: Effects of mindfulness on Psychological Health: A review of empirical studies. Clin Psychol Rev. 2011 Aug: 31(6) 1041-1056

38. Kim, T.K., Han P.L. Physical Exercise Counteracts Stress-induced Upregulation of Melanin-cocentrating Hormone in the Brain and Stress-induced Persisting Anxiety-like Behaviors. Exp.Neurobiol. 2016; 25:163-173.

39. Kirkwood, G., Rampes, H., et al.: Yoga for anxiety: A systematic review of the research evidence. Br J Sports Med. 2005; 39:884-91.

40. Koenig, H. G.: Religion, Spirituality, and Health: The Research and Clinical Implications. International Scholarly Research Notices. Volume 2012 | Article ID 278730

41. Laager, F.; Park, S.-H., et al.: Effects of exercises on biophoton emission of the wrist. European journal of applied physiology. 2008; 112;4: 463-469.

42. LaBar, K.S., Phelps, E.A.: Arousal-mediated memory consolidation: Role of the medial temporal lobe in Humans. Psychologicsl science, 9, 490-493. 1998

43. Lawrence, J.S.St., Madakasira, S: Evaluation and treatment of premature ejaculation: A critical review. Int J Psychiatry Med 22, 77-79. 1992

44. Luskin, F., Reitz, M. et al.: A Controlled PilotStudy of Stress Management Training of Elderly Patients with Congestive Heart Failiure. Preventive Cardiology 2002, 5(4) 168-174

45. Mayer, J.D., Salovey, P., Capuso, A.: Models of emotional intelligence, in: Steinberg, R.J.: Handbook of Intelligence, Cambridge, Cambridge University Press 2000

46. MacKinnon, S., Gevirtz, R. et al.: Utilizing heart beat evoked potentials to identify cardiac regulation of vagal afferents during emotion and resonant breathing. Appl. Psychophysiol and biofeedback 2013 38(4): 241-255

47. McCabe, M.P., et al.: Sexual Dysfunction and pelvic pain in men: A male sexual pain disorder? Sexual and Relationship Therapy Vol.23, 2008

48. McCraty, R., Atkinson, M. et al.: Analysis of twenty-four heart rate variability in patients with panic disorder. Biological Psychology. 2001; 56(2): 131-150

49. McCraty, R. Shaffer, F.: Heart Rate Variability: New Perspectives on Physiological Mechanisms, Assessment of Self-Regulatory Capacity, and Health Risk. Global advances in health and medicine 4.1 (2015): 46-61

50. McCraty: Science of the Heart, Volume 2: Exploring the Role of the Heart in Human Performance. An Overview of Research Conducted by the HeartMath Institute 2016

51. McMahon, C.G., Touma, K., Johnston, H.: Treatment of premature ejaculation with paroxetine hydrochloride. Int J Impotence Res 10 Suppl 3 S38, 1998

52. Michalsen, A., Grossmann, P., et al.: Rapid stress reduction and anxiolysis among distressed women as a consequence of a three month intensive yoga program. Med. Sci Monit. 2005; 11:555-61.

53. Moreno, G.L., Bruss, J., Denburg, N.L.: Increased perceived stress is related to decreased prefrontal cortex volumes among older adults. J Clin. Exp. Neuropsychol. 2016:1-13

54. Morey, J.N., Boggero, I.A. et al.: Current Directions in Stress and Human Immune Function. Curr. Opin. Psychol. 2015; 5: 13-17.

55. Moriam, S. Sobbani, M.E.: Epigenetic affect of chronic stress on dopamine signaling and depression. Genet. Epigenet. 2013; 5:11-16

56. Möller-Leimkühler, A. M.: The gender gap in suicide and premature death or: Why are men so vulnerable? European Archieves of Psychiatry and Clinical Neuroscience. 2003; 251, 1: 1-8

57. Murphy, D.A., Gregory, W, et al.: The heart re-innervates after Transplantation. Annals of Thoracic surgery 2000; 69(6): 1769-1781

58. Murphy, G. E.: Why women are less likely than men to commit suicide. Comprehensive Psychiatry 1998; 39: 165-175

59. Nerurkar, A., Bitton, A. et al. When physicians counsel about stress: Results from a national study. JAMA Intern. Med. 2013; 173:76-77

60. Ochsner, K.N., Bunge, S.A. et al.: Rethinking feelings: An fMRI study of the cognitive regulation of emotion. Journal of cognitive neuroscience, 2002 14 (8):1215-1229

61. Ornish, D., Lin, J., et al.: Increased telomerase activity and comprehensive lifestyle changes: A pilot study. Lancet Oncol. 2008;9::1048-1057

62. Ornish, D., Lin, J., et al.: Effect of comprehensive lifestyle changes on telomerase activity and telomerase length in men with biopsy-proven low risk prostate cance: 5-year follow-up of a descriptive pilot study. Lancet Oncol. 2013; 14:1112-1120

63. Ostroff, L. E., Cain, C.K. et al.: Fear and safety learning differentially affect synapt size and dentritic translation in the lateral amygdale. PNAS May 18, 2010 107 (29) 9418-9432

64. Ousdal, O., Andreassen, O.A., et al.: Increased amygdale and visual cortex activity and functional connectivity towards stimulous novelty is associated wih state anxiety. PLOS One. 2014; 9(4): e96146

65. Pace, T.W.W., Negi L.T. et.al.: Effect of compassion meditation on neuroendocrine, innate immune and

behavioral responses to psychological stress. Psychoendocrinology 2009 Jan. 34 (1) 87-98

66. Phelps, E.A., O'Connor, K.J., et. Al.: Activation of the left amygdala to a cognitive representation of fear. Neurosciences, 4, 37-41, 2001

67. Phelps, E.A.: Emotion and cognition. Insights from studies with the human amygdala. Annual Reviews Psychology, 57, 27-53, 2006

68. Pilkington, K, Kirkwood, G. et al.: Yoga for depression: The research evidence. J Affect Disord. 2005: 89; 13-24

69. Rein, G., McCraty, R. et al.: Effects of positive and negative emotions on salivary IgA. Journal for the Advancement of Medicine 1995, 8(2): 87-105

70. Riley, K.E., Park, C.I. How does Yoga reduce Stress? A systematic review of mechanisms of change and guide to future inquiry. Health Psychol. Rev. 2015; 9: 379-396

71. Roderick, M.: Work, Self and the Transformation of Identity: A Sociological Study of the Careers of Professional Footballers. Dept. of Sociology, University of Leicester, Sept. 2003; 143

72. Sengupta, P.: Health impacts of Yoga and pranayama: A State-of-the-Art Review. Int. J. Prev. Med 2012 Jul 3 (7): 444-458

73. Shafer, F. McCraty, R., Zerr, C.L.: A Healthy Heart is Not a Metronome: An Integrative Review of the Heart's Anatomy and Heart Rate Variability. Frontiers in Psychology, Sept. 2014, Vol 5, article 1040

74. Silverstein, R.G., Brown, A-C., Roth, H.D.: Effects of mindfulness training on body awareness to sexual stimuli: Implications for female sexual dysfunction. Psychosom. Med. 2011 Nov-Dec 73(9): 817-825

75. Tafet, G.E., Nemeroff, C.B.: The Links between Stress and Depression: Psychoneuroendocrinological, Genetic, and environmental interactions. J. Neuropsychiatry Clin.Neurosci. 2016; 28:77-88

76. Taimini I.K. The Science of Yoga: The Yoga-Sutras of Tatanjali in Sanskrit. Quest Books; New York, NY, USA:1999

77. Uddin, S.M.I., Mirbolouk, M. et al: Erectile dysfunction as an independent predictor of future cardiovascular events. Circulation 2018; 138: 540-542

78. Villemure, C., Ceko, M., et al.: Neuroprotective effects of yoga practice: Age- experience-, and frequency-dependent plasticity. Front. Hum. Neurosci. 2011; 31: 4475-4483

79. Vogel, D.L., Heath, P., Wong, Y.J., Wester, S.R.: Men, masculinities and help seeking patterns. APA Handbook of Men and Masculinities. 2016: 685-707

80. Youssef N.A., Lockwood, L. et al.: The Effects of Trauma, with or without PTSD, on the Transgenerational DNA Methylation Alterations in Human Offsprings. . Brain Sci. 2018; 8(5).

Zeitfracht Medien GmbH
Ferdinand-Jühlke-Straße 7
99095 Erfurt, Deutschland
produktsicherheit@kolibri360.de